The magical world of
MOSS
GARDENING

JN248729

美しい
苔庭づくり

アニー・マーティン 著

石黒千秋 訳

X-Knowledge

1ページ：*Fissidens dubius*（和名：トサカホウオウゴケ）
2-3ページ：ようこそ、わたしの苔庭へ。ノースカロライナ州ピスガー・フ
ォレストにあるこの庭は、一年を通じて緑を楽しめる
4-5ページ　雪が解けて顔を出した苔
6-7　左上から時計回りに　胞子体が出ている*Climacium*属（和名：コウヤ
ノマンネングサ属）。黒焦げになった木で生育する*Funaria*属（和名：ヒョ
ウタンゴケ属）。*Atrichum undulatum*（和名：ナミガタタチゴケ）。
*Polytrichum*属（和名：スギゴケ属）の雄株の造精器

兄であり友人でもあるデールに
息子のフリントとカーソンに
苔仲間のリーラに
本書を捧げる

CONTENTS 目次

苔の魔法

暑さと寒さに強い*Bryum argenteum*
（和名：ギンゴケ）は、コンクリー
トの間などにも生育することからサ
イドウォーク・モス（歩道の苔）と
呼ばれる。先端は輝くような銀色

玄関のドアを開けるたびに、前庭の苔たちがわたしを歓迎してくれているようで、自然と笑顔になる。まばゆいばかりの苔のモザイクを見ていると、いい知れない喜びと誇らしさが胸を満たすのと同時に、とても穏やかな気持ちになってくる。だから、毎朝、わたしはすばやく庭を見渡して、そんな苔の魅力を吸収してから仕事へ出かける。四季を通じて、苔たちの魅力は磁石のようにわたしを惹きつけてやまない。こんなにも幸せな瞬間から1日を始められるのは、なんてすばらしいことだろう！

仕事用のトラックに乗りフレンチ・ブロード川に沿って北上すると、わたしの「苔レーダー」のスイッチが入り、お気に入りの苔がいないか、つい偵察してしまう。谷間に広がる豊かな森の中で、ハンモックのように垂れ下がったり、じゅうたんのように敷き詰められたりしている苔、切り立った山の斜面に照りつける陽光をものともしない苔、そびえ立つ断崖絶壁の頂上でかすかに赤く光っている胞子体。町を抜けると、岩肌に垂れ下がるエメラルド色の房や、歩道の割れ目を埋めるビロードのような緑色の苔に息をのむ。苔を観察しているときなら、信号の一時停止だって、むしろ歓迎したい。

暑さに強い苔が生えている屋根を見ると、*Ceratodon*属（和名：ヤノウエノアカゴケ属）や*Entodon*属（和名：ツヤゴケ属）の標本を採るために屋根に登ったことが思い出される。苔といえば森や滝といった自然環境をイメージするが、その気になって探せば都市部でも簡単に見つけられる。こんなにもさまざまな環境で生育する苔には、魔法の力があるのではないかと感じてしまう。

モス・ガーデニングに興味を持ったのがきっかけで苔に惹かれるようになり、知れば知るほど夢中になっていった。見て楽しく、触れて心地よい。苔はわたしたちの想像力をかきたて、記憶を呼び覚ましてくれる。昔の人たちに思いを巡らせ、世界中のモス・ガーデナーとつながるきっかけまで与えてくれる。環境にやさしく、薬用にもなるが、ただ庭にあるだけでも嬉しい気持ちにさせてくれる。

近年、モス・ガーデニングの人気は上昇していて、園芸素材としての利用価値を、多くの人から認められるようになってきている。

苔の魔法 <ruby>はじめに<rt></rt></ruby>

Dicranum scoparium（和名：カモジゴケ）。
手触り、形状、色のおもしろさで庭に趣
を添える

11

上 数え切れない種類の苔と、天然のシダが共存するわたしの庭。その個性的な組み合わせに目がくぎづけになる

大きな花崗岩とクリスマスシダ、そして*Thuidium*属（和名：シノブゴケ属）、*Hypnum*属（和名：ハイゴケ属）、*Polytrichum*属（和名：スギゴケ属）の苔類との大きさと質感の対比が楽しい

苔は必ずしも緑色ではない。*Hypnum*属（和名：ハイゴケ属）、*Thuidium*属（和名：シノブゴケ属）の苔類が紅葉すると、木漏れ日を浴びて金色に輝く。ノースカロライナ州サザン・ハイランズ・リザーブにて

上　異なる種類の苔を虹の
形に植えると、質感と色の
違いがきわだつ

Ceratodon purpureus（和
名：ヤノウエノアカゴケ）
の胞子体（胞子を作り出す
器官）が苔の緑色に深紅色
のアクセントを添える

*Atrichum*属（和名：タチゴケ属）の生殖期に現れる造精器は、橙色、褐色、緑色などさまざまな色に見える

見て！触れて！楽しむ

　色も質感もさまざまな苔が、こんもりと広がった様子は、強く視覚に訴えてくる。這うように横に広がって増える苔は互いに折り重なり、さまざまな色合いを帯びたみずみずしいカーペットを形成する。上に向かって育つ苔はふっくらと盛り上がる。ピンクッション（針山）ほどの小さいものもあれば、バスケットボールくらいの大きさになるものもある。苔のあるランドスケープでは緑色が主体になることが多いが、生殖期には深紅色、淡いピンク、濃いオレンジ色、明るい黄色など、宝石を思わせる鮮やかな色があふれ出て、色の変化に驚くはず。

　モスグリーンという言葉が出版物に初めて登場したのは1884年だが、苔はさまざまな色を見せるので、どの色を指すのだろうと思ってしまう。遠目にはひとつの色に見えるかもしれないが、近づいてみればそれぞれに異なる色合いを見て取ることができる。緑色の中にも色調の幅や色の濃さがあり、そうした違いがこんな小さな植物を見分ける特徴となっている。目が利

くようになって、こうしたニュアンスがわかってくると、黄色がかった緑か、青色がかった緑かによって種の違いを言い当てられるようになる。苔にはエメラルドやひすい、ペリドットなどの宝石のような華やかさがある。青りんご、ライム、アボカド、オリーブなどのフルーツや野菜の色、あるいは黄緑色、緑色、深緑色、青緑色などのクレヨンの色を思わせる苔もある。また、じっくり観察するまで、緑色に見えないものもある。たとえば*Grimmia*属（和名：ギボウシゴケ属）、*Andreaea*属（和名：クロゴケ属）の苔類は、濃い暗緑色をしているため、たいてい黒色に見える。同じ属の苔でも*Bryum argenteum*（和名：ギンゴケ）は常に銀のベールをまとっているように見えるが、*Bryum minutum*（和名未定）は時期によっては燃えるような赤色に見える。*Sphagnum magellanicum*（和名：ムラサキミズゴケ）は赤みがかっているが、*Sphagnum palustre*（和名：オオミズゴケ）は緑色からブロンズ色、あるいは白色とバリエーション豊かだ。

　すべての苔が生涯を通じてずっと緑色でいる

苔はストレスによって色が変化する。ただし、*Aulacomnium palustre*属（和名：オオヒモゴケ）などは、色が変化しても2週間から数カ月で元に戻る

苔の魔法
はじめに

わけではなく、環境（水分や日照など）の変化が起きた場合や、生殖期には色が変わる。

　多くの苔は、日に当たることで変色する。*Hypnum*属（和名：ハイゴケ属）、*Thuidium*属（和名：シノブゴケ属）は日よけになる木立から葉が落ちて日照が増すようになると、緑色の服から黄色の服 に衣替えする。多くの場合、日陰に育つ種は濃い緑色になるが、*Entodon*属（和名：ツヤゴケ属）の場合は逆に、日陰に入ると緑色から金色になる。さらには、時期によって赤褐色、黄褐色、黄土色に変わる苔も少なくない。*Ceratodon*属（和名：ヤノウエノアカゴケ属）は気温がいちばん高くなる季節に鮮やかな緑色になるが、胞子形成期のあとは煉瓦のような赤褐色になる。その後、すぐに世代交代して、枯れかけて生気のない状態から緑色の新芽が吹き出す。ほかにも、たった1種類で虹のようにさまざまな色の変化を見せる苔があり、こうした種では、輝くばかりの緑色から深紅色を経て橙色がかった赤銅色になり、薄い黄緑色へと生涯を通じて変化が続く。

　水分が多いと、苔の透明感が高まり、葉はつやつやと輝き、胞子体はきらきら光る。夜のうちに結露した水滴がプリズムとなって、さまざまな色の光を反射する。ある種の苔は発光しているように見えるが、それは薄い葉が光を通しているからだ。*Plagiomnium*属（和名：ツルチョウチンゴケ属）の苔の葉は一枚一枚が明るい緑色だが、ひとまとまりになると、ネオンランプが発するような緑色に見える。一方、水分があるときの*Rhodobryum*属（和名：カサゴケ属）の上部の葉は緑色のロゼット、つまりバラのように見えるが、日光に当たると葉は縮んで丸まり、目立たなくなってしまう。しかし、再び水分を補給すると魔法のように姿を変え、ものの数分で茶色の小さな塊が花のような形になる。わたしは庭で乾燥した苔を見ると、若返りの水をあげたくて、いてもたってもいられなくなる。苔がたっぷり水を吸収し、たちまち葉が開いて力強い色を見せてくれると、わたしもまた元気を取り戻した気持ちになる。

苔は魅惑的でもある。苔を近くでよく見ると、植物学者や蘚苔類学者やわたしたちのような苔愛好家をワクワクさせるミクロの世界が現れる。ルーペで観察すれば、苔の色や質感、形状や大きさにはっきりとした違いがあるのがわかるだろう。*Plagiomnium*属（和名：ツルチョウチンゴケ属）の葉はネオンランプのように眩しく輝いていて、よく観察すると、より多くの水滴や水分が集まるような形状になっているのがわかる。*Climacium*属（和名：コウヤノマンネングサ属）の小葉はエメラルドに匹敵する輝きを放つ。苔の葉の形や蒴（胞子嚢）をルーペで細かく観察すると、肉眼では捉えることができなかった魅力がより増幅されていく。

苔に触れると、自然とじかに触れ合っているような感覚が呼び覚まされる。指先にひんやりとした冷たさを感じると心が和む。緑の房を触ったり、ふさふさした苔のカーペットをはだしで歩きたくなったりする。苔の弾力、厚さ、密度の違いを足の裏で楽しむのだ。五感に刺激を受けると、心が高揚して前向きになる。さらにうれしいのは、苔の上を歩くのは、苔にとってもよいことだということ。踏まれることで、地面によりしっかり根付かせられるのだ。

月の光に照らし出された苔が醸し出す夢のような雰囲気には、また別の見る楽しさや触る心地よさがある。ヴァン・モリソン[*1]の曲の歌詞を口ずさみながら、イサドラ・ダンカン[*2]のように踊ったことが何度もある。ムーンライト・ダンスパーティーにぴったりの夜に心を解き放ち、苔庭をはだしで踊るのは、満月の夜を最大限に楽しむすてきな方法。

記憶を呼び起こす苔の力

苔庭は、大人にとっても子どもにとっても想像力の源。講演やワークショップで自分たちの体験について語り合うと、多くの人にとって苔

にまつわる記憶は子どもの頃の思い出に根ざしていることがわかり、自然と笑顔になる。好きな場所や大切な人の思い出と結びつければ、苔と過ごしたひとときは永遠に記憶の中で生き続ける。 幸せな気持ちを緑色の世界で包み込むイメージだ。想像上の友だちや妖精たちと遊んだ世界。そこにはきまって、苔のカーペットや

携帯用ルーペで苔の様子をじっくり眺めると、肉眼ではわからない色や質感、形状や大きさの違いが魔法のようによく見える

びっしりと敷き詰められた苔のマットを見ていると、心がウキウキして裸足で上を歩いてみたくなる

＊1 イギリスのミュージシャン。高い音楽性と歌唱力で、多くのミュージシャンからの尊敬を集める
＊2 イサドラ・ダンカンは、20世紀を代表するアメリカのダンサー。モダンダンスの祖でもある

地衣類の小片、松ぼっくり、シロツメクサの花冠（あるいはアーチやぶらんこ、小さな椅子など）がある。

　ワークショップで聞いた苔にまつわる思い出をいくつか紹介したい。子どもの頃から苔に親しんでいるキャロルは、その記憶を宝物のように大切に話してくれた。苔を見ることで、彼女は子ども時代の自由な想像力と溢れる好奇心を思い出したという。30代のサムは、講演の後でわたしのところにやってきて、恥ずかしそうに子どもの頃の思い出を語ってくれた。夏に祖母の家へ行ったとき、隣家の庭の青々とした苔に誘われてこっそり忍び込み、服を脱いで裸でころげ回ったそうだ。暑い夏、あのひんやりとした気持ちよさを感じずにいられなかったのだ。不法侵入だ、なんて固い話はこの際風に飛ばしてしまおう。あどけない少年のかわいいエピソード。

　著名作家、カール・サンドバーグの孫娘のポーラ・スタイケンは、著書『My Connemara（私のコネマラ）』の中で彼女自身の苔にまつわる体験を詳しく書いている。「岩（切り立った花崗岩。祖父はそこで腰をおろして書き物をするのが好きだった）の上にある祖父の仕事場のそばに、わたしは苔庭をつくった。しょっちゅう祖父の近くに行っては、庭の様子を見に来てほしいと頼んだものだ。鮮やかな深紅色の胞子や黄色の毒キノコのような胞子体が見えるから、と言って」。ポーラの苔にまつわる記憶は、ブポン（ポーラは祖父をこう呼んでいた）と共有した自然への愛着と分かちがたく結びついている。あなたには、苔にまつわる思い出がある？今でも魔法にかかったような気持ちになる？

　わたし自身の最初の記憶はすでにおぼろげになっている。だが意識していてもしていなくても、苔はいつもわたしの生活の中にあったように思う。ノースカロライナ州の山地で育ったので、戸外で遊ぶことが多かったし、家族でよく森の中でキャンプもした。だから苔植物（維管束組織がほとんどないか、まったくない植物。蘚類、苔類、ツノゴケ類が含まれる）はいつも

身近にあったのだ。はっきり覚えているのは、10歳のときにペットのカメレオンのために初めてテラリウムを作ったこと。テラリウム作りをしている間はずっと、オスカー（カメレオンの名前）にとって魅力的な環境を整えるにはどうすればよいか、頭を悩ませていた。ほかのトカゲやカエル、サンショウウオは、自然の中ではどこにいるのだろう？こうした生物が苔を生活の場にしていることに気づいたわたしは、テラリウムに苔を入れてやればオスカーも喜ぶだろうと思った。そして、この小さな世界を作るために初めて苔を採取した。このプロジェクトこそ、苔庭園デザイナーになる旅への一歩だった。

古今東西、魅力的な苔

　苔植物の歴史を見つめることは、何千年という時間を越えてたどり着く星の輝きを見つめるのと似ている。地球上でのわたしの一生など、苔が紡いできた時の長さに比べればほんの一瞬でしかない。何百万年にもわたって子孫を残してきた苔は、いまや穏やかな巨人の風格だ。その姿を見ていると、人間はこの地球上にいっとき間借りしているにすぎない、という気持ちになる。苔を見ていると、わたしたちが存在する意味を考えさせられる。その時間は苔がわたしたちの心に与えてくれる無形の報酬だ。

　苔の魅力は時間を超越する。その透明な葉やきらきら光る精緻な胞子体は、昔の人々の注意も引いたに違いない。原始時代の人々が苔の繊細な美しさを理解していたのか、あるいは単に便利な素材と考えていただけなのかはわからない。でも、きっと洞窟の中で安全かつ快適な睡眠をとるために、苔でふかふかのベッドを作っただろうと想像している。日々を生き抜くことが差し迫った問題だった時代には、造園など最優先事項ではなかっただろう。定住型の生活様式に移行すると、冷たい風が丸太の間から入ってこないようにするため、または遮音のために、数種の苔（*Floribundaria*属（和名：シノブイトゴケ属）、*Sphagnum*属（和名：ミズゴケ属）、

*Thuidium*属（和名：シノブゴケ属））で隙間を埋めた。また、苔を燃やして暖をとることもあった。*Polytrichum*属（和名：スギゴケ属）の苔をより合わせて舟のロープにすることも。この微細な緑色の植物が初めて庭に登場したのはいつのことかわかっていない。いつのまにかこっそり入り込んだのだろう。現代の庭でもそうであるように、風や雨、鳥や動物が、胞子や苔の断片を運んできたに違いない。

　苔に対する愛情は文化の垣根を越えて「母なる自然に選ばれた人々」を結束させる。「母なる自然に選ばれた人々」は『*Moss Gardening : Including Lichens, Liverworts, and Other Miniatures*（モス・ガーデニング：地衣類、苔類、そのほかの微小植物も含めた庭造り）』の著者、ジョージ・シェンクの造語だ。わたしも、自分と同じように苔を楽しんで大切にしている世界中のガーデナーとつながっていると感じるし、ガーデナーの皆さんも同じように高揚した気持ちを経験しているにちがいない。地球の裏側の熱心な苔愛好家との絆を感じてもいる。とりわけ、印象的な苔庭のある日本の寺で、苔の世話を続けてきた献身的な庭師には敬意を抱いている。彼らが丹精を込めて手入れする庭は、次の世代への貴重な贈り物だ。

モス・ガーデニングの楽しみ

　ガーデナーなら誰でも、実際にガーデニングをする——庭のイメージを描き、植物を植え付け、世話をする——ことから得られる喜びを知っている。モス・ガーデニングも同じだ。ひいき目かもしれないが、これほど微小な植物であってもガーデニングの喜びは大きい。さまざまな意味で、よい結果を得るためにそれほど頑張らなくてもよいのがモス・ガーデニングの魅力だ。

　たとえば、腰痛を起こさなくてすむ。一般的なガーデニングにはつきものの穴掘り作業がないからだ。土壌の調整も最小限でOK。あなたの庭が酸性土壌で、育てようとしている苔が酸

性を好むなら、そのまま植えてしまえばいい。あなたの庭がアルカリ性土壌（都市部に多い）なら、アルカリ性を好む苔を育てればいい。もちろん、土壌を調整して最適なpHにすることもできる。砂地、赤土、砂利など、土がやせていて雑草すら育たない場所であっても、苔のために土壌改良する必要はない。苔は根がなく、葉から養分を吸収するので、標準的な土ではないことは大して問題にはならない。だから、良質な庭土を求めたりして時間とお金の無駄遣いをすることのないよう、気をつけてほしい。痩せた土地の表面に苔のかたまりを載せて、上から歩いて押しつけると、仮根（根に似た細長い構造）によって定着させることができる。

　ガーデナーはしばしば、庭のどこかに何も育たない場所があるという問題に直面する。そうした場所は、日光が差さなかったり、じめじめ

していたり、沼地だったりする。何度も植物を植えたのに、そのたびに不満な結果に終わっていたかもしれない。しかし、まさにそんな場所にこっそり生育しているのが苔なのだ。最終的には、そんな場所に苔以外の植物を植えたりするのは負けだ、という気分になってくるだろう。あるいは、土地が水浸しになっているような場合も、苔が状態を改善する役に立つかもしれない。整備の困難な山の急斜面に生える苔は土砂の流出防止に一役買っている。つまり、場所に適した苔を選ぶのが成功のカギなのだ。

芝生が自慢の庭では、夏の間しかすばらしい眺めを楽しめないが、苔は冬でも楽しめる。苔は冬に休眠はするが、ほかの多くの植物と比べて休眠状態の苔はきれいだ。高木や耐寒性の低木（たとえばシャクナゲ）の根元に敷いた苔のカーペットは人目を引く美しさだ。

また、苔を植える場所では寒さを考慮しなくてもよい。苔は氷点下でも耐えられるからだ。フェノール性化合物（79ページ参照）が寒さへの抵抗性を高めている。凍っても死なず、氷に閉じ込められても、雪に埋もれても耐えている。雪や氷が解けると、凍る前と同じくらい良好な状態であることが見て取れる。暖かくなってくると生命活動が活発になり、鮮やかな緑色の苔の上で、新しい胞子体がきらきら光る。

苔がまったく手のかからない植物だというわけではない、という点は認めなくてはならないだろう。芝生や一般的な庭のように、植物の枯れた部分を取り除いたり、草刈りや芝刈りをしたりといった作業は少ないが、その一方で、水やりや草むしり、ごみ拾いは必須だ。苔の美観を長く保ちたいなら、適切な水やりは欠かせない。苔には雑草を退ける力があるという人もいて、もしそうなら幸せなことだと思う。わたしはこれまでに、いやというほど雑草（しかも小さいもの）を抜いてきたから。しかし、こうしたひと手間をかけることのできるガーデナーはきっと、美しく成長した苔を見て感慨にひたる贅沢を味わえる。

苔がよい環境をつくる

苔を育てて、環境を保護しよう。テレビCMは、しきりに緑あふれる庭造りを勧めるが、たいていの場合、そのためには成長促進剤や殺菌剤、病害虫の駆除薬など、環境に優しくない方法が推奨される。それに比べ、モス・ガーデニングはとことんエコロジカル。園芸の腕を上げるために化学肥料や殺虫剤、除草剤といった化学薬品に頼る必要はない。化学薬品を使わなければ、地下水の汚染を減らし、水源への有害物質の流入を防ぐといった価値ある行動にもつながる。芝刈りをやめれば、大気汚染を減らす一歩になる。苔は水を守り、浸食を防ぎ、雨水を濾過し、有害な化学物質を浄化し、二酸化炭素を吸収するなど、環境保護の手段としての顔を持つ。また、大気汚染、酸性雨、水質汚染、排水処理のバイオインジケーター（生物学的な指標）としての役割も担っている。

苔には美しさ以外にもこうした効用があるので、地球に優しい素材としてあちこちの庭に導入されている。あなたの庭の景観を維持するために、ぜひ苔に仲間入りしてもらおう。苔は信頼できる管理人であり、環境保護活動の闘士でもある。一つひとつの力はわずかでも、その力が集まれば、世界はよりよい場所になるはず。

苔は空気をきれいにする

ガーデナーや庭園デザイナーは化学肥料に頼ることが多いが、モス・ガーデナーは苔の成長を促進するために土壌に肥料を追加しなくてもいい。むしろ、窒素を与えすぎるのは逆効果。ほかの植物に与えた肥料からのおこぼれや、ときにはごくわずかな養分でさえ苔にとっては害になることがある。苔はごく微量のチリなどの微粒子を食べて生きているので、養分のとり過ぎは成長の妨げになるのだ。有機肥料でさえ、特殊な養分や微量栄養素を過剰に与えることになりかねない。

苔がまとまっているところには、益虫、サンショウウオ、カエルなどの生物が住んでいる。

何も育たないような場所でも、苔は1年を通じて美しい緑で目を楽しませてくれる
右　*Leucobryum glaucum*（和名：シロシラガゴケ）と*Dicranum scoparium*（和名：カモジゴケ）が木の根元に広がっている

草食動物を寄せつけない内分泌物質のせいで、一般的な昆虫や家畜にとって苔は味が悪い。シカは苔を踏むことはあっても、食べようとはしない。トナカイはトナカイゴケを食べると報告されているが、トナカイゴケは蘚苔類ではなく地衣類だ。苔の中に住む昆虫も、苔を食べたり荒らしたりはしないので、殺虫剤は必要ない。

　環境に有害な物質の3点セットは、化学肥料、殺虫剤、そして除草剤だ。ならば除草剤も使わずに済ませよう。苔から生じる生化学物質は抗生物質に似た作用があるため、苔はほかの陸生植物と比べても病気にかかりにくい。菌類や重大な病原体に侵されることもめったにない。苔が病気になることもあるが、わたしの経験からすれば例外的なケースと言える。苔にカビが生えるのは、たいてい水のやりすぎや、ごみの放置、家畜に荒らされて苔が層状に積み重なったことなどが原因だ。モス・ガーデナーとして、わたしたちはこうした問題に気づかねばならず、対処法も知っておくべきだ。幸い、栽培した苔が感染しうる菌については研究も進んでいるので、この分野の情報は得やすくなってきた。

　芝生の代わりに苔を植えれば、大気汚染の低減に一役買っていることになる。郊外に住む何百万人もの芝生愛好家も毎週、大気中に二酸化炭素を送り込んでいる（大気汚染のすべてが工業地帯や大都市に由来するわけではないのだ）。あなたが芝を刈るのに、今でもガソリンエンジンの芝刈機を使っているなら、この問題を助長していることになる。芝刈機、草刈機、リーフブロワー（枯れ葉集めなどに使う大型送風機）はほとんど規制されていない。これらの機械には排出ガスに含まれる炭化水素や一酸化炭素を無害化する触媒コンバータがついていないので、嫌なにおいの排気ガスが放出される。でも、芝のかわりに苔を植えればすべて解決だ。

毎日少しずつ水やりをする

　乾燥した地域では年間降水量が少ないため、灌漑設備が役立つだろう。水やりがままならないことは普通にあるし、日照りの時期には、庭の景観を維持するための水やりが一時的に制限される地域もある。苔はそれなりの水分を必要とするので、乾燥地で節水をしながら行うゼリスケープでは生育は難しい。苔には定期的な水やりが適している。節水を気にするなら、雨水を溜めて利用しよう。苔は小さな植物なので、少量の水をさっとやればひとまず解決になる。

Polytrichum commune（和名：ウマスギゴケ）が氷柱に閉じ込められている。氷が解ければ、元の美しい姿に戻る

一週間おきにヒタヒタになるほどの水を与えるより、毎日少しずつ水やりをするほうが望ましい。ほかの植物に水やりをするときに生じる霧だけでも、苔にとっては十分だ。

土の流出を防ぎ、洪水の勢いを和らげる

多くの苔が土壌の守護者として土の流出を防いでいる。*Polytrichum commune*（和名：ウマスギゴケ）は上に向かって成長する苔で、養分の乏しい切り立った山の斜面にも植えることができる。この苔は、日当たりのよい場所でも育つので、土砂流出の問題を解決する非常に優れた手段となる。長い仮根によって赤土や砂利、土砂をしっかりとその場に保持するからだ。小さな*Polytrichum*属（和名：スギゴケ属）の苔はむき出しの山肌に張り付いて、ほとんど垂直に切り立つ斜面にまとまって生える。勢いのある水流がその上を流れると、水が葉に吸収されて勢いが弱まり、水は少しずつ地下水面に入っていく。

土手を保護するための捨石は見た目がゴツゴツしているが、シダのように横に広がる*Thuidium delicatulum*（和名：コバノエゾシノブゴケ）を植えると印象を柔らげられる。排水溝に苔を植えれば、豪雨による雨水流出の影響を低減できる。また、昨今ではグリーンルーフに苔を植えることが注目されている。断熱作用で建物の内部は涼しくなるほか、大気汚染物質を濾過（ろか）し、雨水流出を低減する効果も期待されている。

アメリカでは、新しく作るグリーンルーフにはたいてい、ベンケイソウか芝生が用いられているが、ヨーロッパの国々の一部では苔を取り入れている。わたしが2011年にノースカロライナ植物園で作った屋根もそうだった。雨水を溜め、霧を吹いて灌水すれば、直射日光が当たっても苔は元気に生きられる。*Polytrichum*属（和名：スギゴケ属）や*Ceratodon*属（和名：ヤノウエノアカゴケ属）の苔ならグリーンルーフにも最適で、丈夫に育つし、胞子体の時期にはその姿を楽しめる。一方で、*Leucobryum*属（和名：シラガゴケ属）は苦戦した。屋根の上で過ごす

のが苦手な苔もいるのだ。*Bryum argenteum*（和名：ギンゴケ）、*Ceratodon purpureus*（和名：ヤノウエノアカゴケ）、*Hedwigia ciliata*（和名：ヒジキゴケ）などは高温に耐えるし、わたしの住む地域では屋根に生育しているのをふつうに見かける。北西部では*Dicranoweisia cirrata,*（和名未定）、*Bryum capillare*（和名：ハリガネゴケ）、*Rhytidiopsis robusta*（和名未定）、*Racomitrium canescens*（和名：スナゴケ）、*Tortula princeps*（和名未定）などが屋根の上でよく茂っている。

苔の濾過機能と浄化機能

*Sphagnum*属（和名：ミズゴケ属）の苔は廃水を処理するときの濾過効率が高く、化学物質の吸収能力も高い。望ましくない成分（銀、銅、カドミウム、水銀、鉄、アンチモン、鉛など）を含む有害排出物の処理に苔が役立つことを示唆する研究報告もある。これらの苔は都市部で大雨が降ったときに、排水処理に大きな力を発揮する。都市部では地表面が水を通さないので、排水設備が不十分だと鉄砲水が発生することがあるのだ。また、苔のフィルターは油や洗剤、染料、微生物を遮断する。その結果、河川の代謝が促進されるので、食物網や栄養循環にとって苔は欠かせない存在となっている。

かつて採鉱が行われていた土地の再利用にも苔が役立つ。重金属の毒性に耐えられる苔は多く、*Scopelophila cataractae*（和名：ホンモンジゴケ）もそのひとつだ。堆積した銅に生えることから、銅苔（ドウゴケ）とも呼ばれる。このように、環境の厳しい場所でも生育できる植物をパイオニアプランツと呼ぶが、その効果は意外と知られていない。このような見捨てられた土地を人間の力だけで復元しようとすれば、大変な苦労をすることになるだろう。

厳寒の冬を迎える地域では、凍結防止の目的で、道路や庭に食塩がばらまかれる。雪が解けると、まかれた食塩は土に浸透し、地下水に達する。また、激しい嵐が来ると、都市部の地表は水を通さないため、流れる水は排水設備からあふれ出て湖沼や川、湿地、沿岸部水域へ流れ

込む。米国地質調査所によれば、「豪雨時の雨水にはさまざまな汚染物質が含まれる可能性がある。たとえば土砂、養分（芝生用の化学肥料）、細菌（動物や人間の排泄物に由来）、殺虫剤（芝生や家庭菜園で使用）、金属（屋根や道路に由来）、石油副産物（自動車から漏出）などである」。嬉しいことに、苔は汚染の犠牲になるどころか、解決策の一端となる。汚染物質の混じった水に耐えながら、荒ぶる洪水の勢いを和らげてくれるのだ。冠水した道路や水を通さないアスファルトを張った駐車場から水浸しになった苔を救

出したことが何度かあるが、車から漏れたオイルや不凍剤としてまかれた食塩にさらされながらも、苔は生きのびて繁茂する。

苔は植物のナーセリーに忍び込み、そこで成長する。苗が病気にかからないように、塩素処理、臭素注入、オゾン処理が施された水がまかれていても、まんまと侵入することができる。あなたの庭で最も環境の悪い場所でも我慢してくれる、有り難い存在なのだ。

苔は炭素の貯蔵庫

苔は地球最大の炭素の貯蔵庫として、炭素サイクルに重要な役割を果たしている。*Sphagnum*属（和名：ミズゴケ属）の苔が生育する泥炭地は空気中の二酸化炭素を大量に吸収し、その量は熱帯雨林全体が吸収する量をはるかにしのぐほどだ（生態系の中で植物による炭素化合物の生産率が植物による分解率を上回ると、炭素の吸収が起きる）。泥炭地には地球の大気内に存在する量とほぼ同量の炭素が含まれている。泥炭地に吸収された炭素は1980〜5020億トンと見積もられている。

世界の湿地の60パーセント以上が*Sphagnum*属の苔と腐敗の進んだ維管束植物で構成されている。こうした沼地は、地上の陸地全体の2〜3パーセントを占め、これは、樹木や草花などが生育する土地を全部合わせた面積よりも大きい。蘚苔類学者であり生態学者でもあるジャニス・グライムによれば、水生の藻類の炭素吸収量には劣るが、*Sphagnum*属はほかのいかなる陸生植物よりも多くの炭素を吸収する。

こうした地球規模の生態系には、地中の炭素の3分の1、および淡水源の10パーセントが含まれる。世界全体では、約175カ国に泥炭地があり、炭素の貯蔵庫として機能している。北米では、カナダの北方針葉樹林からフロリダ州エバーグレイドの沼沢地や湿地にわたる広い範囲で、*Sphagnum*属（和名：ミズゴケ属）の泥炭が生じている。

このように、離れた場所で生息する苔からも恩恵を受けているにもかかわらず、わたしたち

芝生よさらば！

推計では、アメリカの世帯の80パーセントが庭に芝生を植えている。土地利用の観点から見ると、アメリカ全土では1100万ヘクタールの土地が芝生で覆われているが、そのうちの840万ヘクタールが私有地。北米の人々が芝生を美しく保つために使うお金は1年で400億ドル以上。やることも多く、年間150時間（3週間分の労働時間に相当する）を芝生の手入れに費やしている。にもかかわらず、わたしたちは芝生に執着し、環境に多大な犠牲を強いている。

米国で排出される大気汚染物質の5パーセントは芝刈機によるものだ。ガソリンエンジンの芝刈機は車やトラックの10〜12倍の炭化水素を、草刈機は21倍、リーフブロワーに至ってはなんと34倍という量を放出している。ちょっと計算すれば、さらに恐ろしい数字がはじき出される。1時間芝刈りをするだけで、43時間のドライブをしたのと同じ排気ガスを出すことになるのだ。

家庭の芝生やゴルフコースは貴重な水資源を枯らそうともしている。芝生の緑を保つには、毎週1平方メートルあたり25〜50リットルの水やりが必要だ。環境保護庁の試算では、都市部では真水の30〜60パーセントが芝生に使われている。広大な芝生を持つアメリカのガーデナーが使用する化学肥料や殺虫剤、除草剤がその中に混入して、地下水はひどく汚染されている。

芝生に替えて苔庭園をつくるなら、環境問題の解決に一役買うことになる。ガソリンエンジンの芝刈機、草刈機、リーフブロワーをやめれば、大気汚染が減る。苔は化学肥料や農薬を必要としないので、地下水の汚染を減らせる。苔を植えれば、水源を保護できる（たとえ、水やりを追加しなければならないとしても）。いかがだろう？芝生に別れを告げて、苔とつき合う気持ちにならないだろうか？

右　ノースカロライナ州ブレバードのビッカリー・ガーデンの土手を覆う*Thuidium delicatulum*（和名：コバノエゾシノ
ブゴケ）。土砂流出の防止に効果を発揮する　左　苔は刈り取りが不要なため、芝刈機による大気汚染物質は出ない。さらに、
*Sphagnum*属（和名：ミズゴケ属）の苔は空気をきれいにする

地球の住人は、残念ながらその生息地を破壊し
ようとしている。苔が生息する泥炭地の大規模
な破壊には、さまざまな事情が絡んでいる。地
球温暖化、無責任な泥炭の大量採取、農業用地
の拡大、商業開発、火災などだ。農業用地造成
のために、地球上の泥炭地の7パーセントが失
われたと見積もられている。インドネシアには、
トロピカルピートと呼ばれる熱帯泥炭地が多く
存在するが、毎年約10万ヘクタールという驚
異的なスピードで失われている。

　大規模な伐採による熱帯雨林の喪失は、地球
規模で大気の質の低下させると同時に、炭素の
吸収能力も低下させる。バイオマスである
*Sphagnum*属の減少も、同様の負の影響をもた
らす。泥炭湿原には数十億トンものメタンが蓄
えられている。世界最大の泥炭湿原はシベリア
にあり、その面積はフランスとドイツを合わせ
たのとほぼ同じ大きさだ。メタンは二酸化炭素
よりも強力な温室効果ガスだが、今、1万1000
年ぶりに凍土が解けて、メタンが大気中に放出
され始めている。泥炭湿原に火がつくと、数週
間から数カ月、ことによると数年間もくすぶり
続けることがあり、その間ずっと、二酸化炭素

が放出され続ける。1997年にインドネシアで
泥炭火災が起きたときは、何ヶ月もの間、不気
味な雲が東南アジア一帯を覆った。

　人間によって破壊され、失われた泥炭湿原を
取り戻すには、ふたたび苔を繁殖させるための
努力が必要だ。ウェールズのバンガー大学の研
究者は、苔の成長率をどれくらい高めれば、永
続的に繁殖させることができるかという調査を
行っている。

苔の商品利用

　収穫された苔は、さまざまな形の商品となっ
て世界各地を旅行する。アイルランドでは、切
り出された泥炭を圧縮して煉瓦状にし、熱源と
して利用している。高温でゆっくり燃えるので、
風の吹きすさぶ寒い土地に、昼も夜も心よい
暖を提供してくれるのだ。イギリスの島々では、
スコッチ・ウィスキーの製造工程で、泥炭を燃
やして麦芽に独特のスモーキーフレーバーをつ
ける。世界中どこでも、生きた植物や球根、リ
ンゴを発送するときは苔（*Sphagnum*属（和名：
ミズゴケ属）、*Thuidium*属（和名：シノブゴケ

近所の家の屋根から回収したHedwigia属（和名：ヒジキゴケ属）、Ceratodon属（和名：ヤノウエノアカゴケ属）、Entodon
属（和名：ツヤゴケ属）の苔。いまではわが家の屋根の上を飾っている
下　わたしがデザインしたグリーンルーフ。ノースカロライナ州アッシュヴィルのノースカロライナ植物園の納屋の屋根。
苔を効果的に配置している

属）、*Neckera*属（和名：ヒラゴケ属）のほか、数種の苔）を梱包材として使用する。花卉園芸業界では、フラワーアレンジメントや鉢植えに苔（通常は乾燥品）が利用される。苔を用いて植物を繁殖させる手法もある。高取り法といって、茎や枝の皮をはいで、ミズゴケとビニールでくるみ、発根させたものを苗とするものだ。

ピート・モス*を土壌改良材として造園に利用するのは一般的な手法だ。とくにアメリカでよく見られる。小さな園芸用品店でも大型ホームセンターでも1辺30センチくらいのピート・ブロックが毎年何千個も庭園デザイナーやガーデナーに販売されている。小袋に包装したドライモス（*Hypnum*属（和名：ハイゴケ属）、*Dicranum*属（和名：シッポゴケ属）、*Thuidium*属（和名：シノブゴケ属）など）は、鉢植えの装飾や、手工芸（リース、トピアリー、バスケットの作成など）に使う目的で売られている。ドライモスの購入は、苔の需要を高めることにつながるが、ドライモスが持続可能な方法で栽培され、収穫されたものかどうかを知るのは難しい。乾燥しきったものや、袋詰めにされているものは避けよう。

苔は薬にもなる

*Sphagnum*属（和名：ミズゴケ属）の苔は水中で自身の重量の33パーセントまで水を吸収することができる。苔の吸水性は、古くから薬や衛生用品に活用されてきた。近年、ドイツでは、種子を作らない苔の性質が着目され、DNA研究に用いられるようになった。一部の属、たとえば、*Bryum*属（和名：ハリガネゴケ属）、*Plagiomnium*属（和名：ツルチョウチンゴケ属）、*Sphagnum*属には薬効があるとされ、かぜ、腫瘍、がん、水虫、下痢、高血圧、白血病、感染症、心血管疾患、発熱、炎症、皮膚病などの治療にも用いられてきた。

蘚類と、同じ苔植物門に属す苔類は、何世紀にもわたって植物性治療薬の原料だった。ネイティブ・アメリカンの女性は*Polytrichum*属（和名：スギゴケ属）の苔の茎を噛んで、出産時の傷みを和らげる。古い記録によると、北アメリカ各地の先住民は苔の葉から煎じ薬や軟膏を作って、発熱や痛みの治療薬としていたという。そのほかの文化圏でも、苔が医療に用いられていた例は多い。とくに中国では、苔植物を取り合わせた煎じ薬や湿布を用いていた。圧縮した*Plagiomnium*属（和名：ツルチョウチンゴケ属）で血豆を治したり、*Bryum*属（和名：ハリガネゴケ属）や*Fissidens*属（和名：ホウオウゴケ属）を粉末にし、頭部に塗って発毛を試みることもあった。ネイティブ・アメリカンのいくつかの部族は*Sphagnum*属（和名：ミズゴケ属）の苔を赤ちゃんのおむつや女性の月経血の処理に利用した。ちなみに、1991年には、ジョンソン・エンド・ジョンソンが苔を利用した生理用ナプキンをカナダで発売したが、売れ行きはよくなかった。

自然主義者、荒野の冒険家、苔愛好家たちは、*Papillaria*属（和名未定）や*Thuidium*属（和名：シノブゴケ属）から作ったチンキ剤を虫よけに使っている。ハイキング・ブーツの足のにおいを抑えるために苔を詰めておくのも一案だ。山道を歩いているときにけがをしたら、*Sphagnum*属の苔を見つけて傷に当てよう。第一次世界大戦中、看護婦や医師は、不足しがちな木綿の包帯より、苔を当てるほうが傷の治りが早いことに気づいていた。中国では現在も*Sphagnum*属の苔が包帯として使われている。

※ ミズゴケ類などの蘚苔類、ヨシ、スゲ、ヌマガヤ、ヤナギなどの植物が堆積し、腐植化した泥炭を脱水、粉砕、選別したもの

モス・ガーデンは
心を豊かにする

　苔を好きになったり、モス・ガーデンを持ちたいと思うようになるには、さまざまな現実的な理由もあるだろうが、なによりすばらしいのは、モス・ガーデンの穏やかさに浸ることで心が豊かになり、生活の質が向上することだとわたしは思っている。青々としたモス・ガーデンを眺めていると、満ち足りた安らぎが訪れる。

森に緑のカーペットが広がっている様子は、目をみはる美しさだ。渓流に沿って点在する苔むした岩もおもしろい。これらはすべて、わたしの元気の源だ。地に足をつけ、宇宙のリズムに集中する。わたしの苔庭は、日々の喧騒からの避難所なのだ。ここでは泣いてもいいし、自分の思いを歌にしてもいい。そして大地と心を通わせる。わたしはこの避難所で、苔という太古の植物に囲まれて自分の存在意義を考えたりするばかりでなく、人間と地球を結びつける自然

*Sphagnum*属（和名：ミズゴケ属）を主体とする沼地は陸地全体の2〜3パーセントを占め、地上最大の炭素溜まりとして機能している
次ページ　かつては車道だったが、今は緑豊かで静かな避難所だ。ノースカロライナ州ビスガー・フォレストのわが家にて

の力を大いに楽しんでいる。苔の中にいるだけで、心は舞い上がり、いつだって困難や挑戦に立ち向かう前向きな姿勢を取り戻せるのだ。

　子どもの頃からわたしは苔と関わってきたが、苔がわたしを選んでくれたのか、わたしが苔を選んだのかはわからない。けれども今はモス・ガーデナーになるのは運命だったと感じている。心の奥深くで、苔にまつわるものこそが、自分の道を開くだろうと本能的に知っていたのだ。生まれながらの感性と情熱で、とびきり印象的な苔の公園や、個人の庭園をデザインしようと尽力している。人生におけるわたしの目標は、苔の楽しさをいろいろな人と共有すること。そんなわたしの知識を読者と分かち合うのが本書の目的だ。この本に込めた意図は、あなたにインスピレーションを与えること、苔の正しい成育、そして苔の魔法がうまく庭に働くように具体的なアドバイスをすることだ。モス・ガーデニングの魅惑の世界にこのうえない喜びを見いだせるよう、願っている。

A TOUR OF MOSS GARDENS　苔庭園を歩く

壮麗なる緑

Rhodobryum ontariense（和名：
カサゴケモドキ）の葉は、緑色
の小花が開いたように見えるが、
厳密にいうと花ではない

モス・ガーデニングといえば、何世紀もの間、日本が中心だった。しかし最近になって、苔の持つカリスマ的な魅力が地球の反対側のガーデナーたちの注意を引くようになった。ガーデニングといえば、青々とした芝生と色とりどりの植物が王道という先入観があったにもかかわらず、欧米でも苔が庭園の一員にふさわしいとの考え方が受け入れられるようになってきたのだ。チャールズ皇太子まで、ハイグローブ・ハウスの敷地に苔を植えることにしたようだ。英国では、ほんの数十年前まで、芝生の中に苔が生えるのは頭痛の種だったのに、殿下は古くさい考え方から一歩離れて、スタンパリー※に苔を取り入れた。

欧米には苔庭園はかなり少ないが、ここ数十年でその数が増えてきている。文献によると、1930年という早い時期からアメリカにも苔庭園があった。ニューヨーク州ロングアイランドのウィリアム・ベイヤード・カッティングの地所（現在はベイヤード・カッティング植物園）に、造園家のフレデリック・ロー・オルムステッドが、苔をモチーフにした庭園をつくった。歴史をふりかえると、苔庭園に携わってきた先人たちは苔が庭に入ってくることに寛大だった。そして、この"不法侵入"をむしろ促す工夫をしたり、わざわざ別の苔を持ってきて植えたりしたのだ。彼らは、これまでにない特別な空間を作り上げるために、強い決意をもって苔の世界へ入っていった。壮麗な苔庭園は、こうした先人たちの遺産なのだ。

本章では、公立、私有を問わず、代表的な庭園を厳選して紹介する。取り上げる庭園では、さまざまな景観や地形のなかで苔をうまく育てているが、このリストが完璧というわけではない。ここでは取り上げることができなかったが、訪問する価値のある庭園はほかにもたくさんあるのだ。

旅先で苔庭園を訪問すると、記念に写真を撮りたくなるだろう。庭を背景にした自分のスナップ写真だけでなく、ぜひ、苔のクローズアップも撮ってほしい。種を見分ける努力をすれば、いっそう知識も深まるだろう。全体的なデザインの中で、苔がどのように配置されているかにも注意して見てみよう。また、周囲に苔に影響を及ぼしそうな要因があるかどうか（プラスでも、マイナスでも）、とくに意識して見てほしい。プロの園芸家や地域のボランティアが用いる技術は、美しい苔を維持するうえで役に立つので、

※ 切り株や丸太などの廃木を主題にシダ、苔類、地衣類で芸術性を高めた庭

壮麗なる緑
苔庭園を歩く

京都市の苔寺と呼ばれる静謐な寺院には毎年、数万人が訪れる。「苔寺」は「西芳寺」の別称。この寺はLeucobryum属（和名：シラガゴ
ケ属）の苔が美しく広がる古寺の一例

写真のように石や岩の配置するのが
日本庭園の特徴だ。写真は、京都、
東福寺内にある光明院の庭園

ぜひ参考に。ただし、駆け足で庭を見るのはおすすめしない。ゆったりとした時間の中で自然と調和しながら、太古の植物のささやきに耳を傾けよう。

日本の寺院の苔庭で
日常の喧噪から開放される

　欧米人が苔の美しさを受け入れるまでには時間がかかったが、禅僧とその先達は何百年も前から庭で苔を育ててきた。今は世界各地に立派な苔庭がいくつもあるが、日本の寺院の壮麗な庭園はその原型だ。歴史的に、寺院は皇族や貴族、将軍家、僧侶のためのものだったが、現在では一般の人たちに向けても庭園が公開されている。20世紀初頭に、日本の国宝を見ようと世界中から何千人もの旅行者が拝観にやってきた。こうした神聖な場所への入場には事前の許可が必要で、入場者数も限られている。庭を散策する前に、見学者は静かに瞑想し、筆と墨で写経に集中する。そうすることで、慌ただしい日常から開放されるのだ。

　境内と庭園を散策すると、時間を超越したような感覚に包まれる。意匠はシンプルで、苔庭園を持つ寺はいずれも自然との強いつながりを示している。韓国や中国の古い庭園に見られる特徴が日本の造園様式の中にはっきり見て取れる。さまざまな時代に端を発する、日本固有の様式も見られる。庭を構成するさまざまな要素に、宗教上の概念が表現されており、神道、仏教、道教、ヒンドゥー教、キリスト教などの影響が見られる。とりわけ、岩石の配置、古木、湖などに、神道の"自然崇拝"の大きな影響がうかがえる。島や山、海など、ほかの宗教と共通する要素も、初期の意匠に取り入れられている。

　庭園はダイナミックに変化し続けている。年月を経ると、人の手によって、または洪水などの自然の影響を受けて、相応の変化が起こる。こうした日本庭園の多くは荒れ果てたまま放置され、近年になってようやく大規模な修復が行われた。

　実際、苔が寺の景観を特徴づけるものとして認識されるようになったのは、つい最近のことだ。当初の造園計画に苔は含まれておらず、長年の間にその土地の苔が勝手に庭に入り込んだものと考えられる。とくに明治時代（1868〜1912年）に苔の侵入が増えたようだ。誰にも気に留められなかったことが幸いして、一番乗りをした苔は、そのままそこに住み着くことができた。

行き届いた手入れによって、苔庭の美しさは維持される

天気は苔庭の美しさに影響する。十分に雨が降ると、壮麗な景観を呈する（左）が、日照りが続くと、ストレスの兆候を示したり、休眠状態に入る（右）。写真は、京都の東福寺の庭園

寺の庭園管理者は、苔の成長を促し、苔にとって望ましい環境を維持してきた。今では苔は庭の景観になくてはならないものだ。日本の庭師は毎日、ごみを竹ボウキで取り去り、雑草を手でむしって苔の世話をする。こんな小さな植物にも敬意を払うことで、庭師は広大な苔のカーペットを維持する。

日本は島国で湿度が高いので、苔が繁茂するには良好な環境だ。それでも最良の季節に熱と乾燥が同時に苔を襲うことがある。日本庭園の名声を高めているのは輝くばかりの緑だが、いつでも最高に美しい姿を見られるわけではない。梅雨以外のシーズンや、恵みの雨が降らなかった日だと、期待したほど鮮やかな緑には出合えないかもしれない。ある観光客も認めている。「わたしが日本で見た多くの庭には灌水システムがなかった。だから苔はしばしば乾燥して休眠状態になる」。日本庭園は天気の影響を受けない、などと考えるのは大きな間違いだ。

これらの印象的な庭は禅寺にあるので、禅の思想と結びつけて考えよう。穏やかで、見た目にも美しい庭園空間は、瞑想を行うのにうってつけの場所に思える。しかし、そもそも瞑想とは外的な刺激を必要としない内的な体験だ。禅の思想では、庭の壮麗さを維持するための庭仕事を通じて、気づきの大切さや働く喜びを知り、悟りへの道を啓く。苔の世話をする庭師にとって、さまざまな趣向をこらして苔を植えたり、草むしりや水やり、ごみの処理などを実践したりするのは、瞑想するのと同じことなのだ。

最も有名な禅寺の苔庭園

苔庭園で最も有名な寺は京都の西芳寺。もともとは飛鳥時代に建てられた聖徳太子の別荘だった。その後、皇族や身分の高い貴族の別荘となるなど、いくたびかの変遷を経ている。大小の島と半島をしつらえた黄金池（おうごんち）が造成されたのは、水上から庭を眺めるのが風流とされ、舟遊

びが人気の娯楽だった時代だ。しかし、室町時代（1336〜1573年）の初めに、度重なる洪水と火災、加えて将軍家の内紛によって庭園はすっかり様相が変わり、見捨てられた状態になってしまった。その後、作庭の名人として知られた、僧侶であり歌人でもある夢窓疎石が庭の再設計を行った。当時の寺の名称は西方寺と記し、禅宗の理念を表していたが、疎石はこれを西芳寺と改めた。

　疎石の作庭には、彼の願望が反映されている。疎石は、ただ楽しむための庭を、寺院の庭らしく、精神を再生させるための場所に進化させたいという思いを強く抱いていた。そのために、光と影のコントラストを強調し、有と無といった対立する概念を効果的に組み込んだ。見る角度を変えれば、庭も変幻自在に姿を変える。象徴的な意匠も積極的に取り入れられた。岩は山に見立てられ、入念にならされた砂や砂利が水を表現している。長寿と繁栄は亀島に表されている。水を象徴する苔の上を、石のカメが泳いでいる。可動式の壁と丸い窓のついた庵に立つと、荘重な庭園をあらゆる角度からすみずみまで見渡せることができる。

　西芳寺の昔のならわしでは、僧侶や禅の修行者、来客だけが上段の石組の庭に入ることを許された。向上関と呼ばれる山門からの49段の石段は悟りへの旅を表現しており、容易ではない道のりを思わせる。禅堂へ登っていく間に下段の庭が視界から消え、そこが精神修養の場だということを実感する。疎石は大きな石段を設置することによって、精神性を高めた、彼自身の旅を表現したのかもしれない。座禅を行う時に座る座禅石は、ひとりで自然と共に瞑想するための場所であり、考え抜かれた位置に置かれている。疎石が取り入れた枯山水の例としてはほかに、滝を表現した石組もある。

　西芳寺の地表を美しく飾る苔は120種に及ぶ。訪れた人たちは蘚苔類を春に咲く繊細な桜の花や秋に紅葉する鮮やかな楓と対比して、そのみずみずしい緑にたちまち熱中してしまう。日本語で「〜〜ゴケ」というときはすべての蘚苔類（と類似する小さな植物をひっくるめて）を指しており、厳密な意味での種を表しているのではない。たとえば、スギゴケ（*Polytrichum juniperinum*）は蘚類だが、ゼニゴケ（*Marchantia polymorpha*）は苔類。また、*Climacium*属（和名：コウヤノマンネングサ属）、*Dicranum*属（和名：シッポゴケ属）、*Hypnum*属（和名：ハイゴケ属）、*Racomitrium*属（和名：シモフリゴケ属）、*Rhizogonium*属（和名：ヒノキゴケ属）、*Sphagnum*属（和名：ミズゴケ属）は蘚類に分類される。*Bazzania*属（和名：ムチゴケ属）、*Conocephalum*属（和名：ジャゴケ属）、*Porella*属（和名：クラマゴケモドキ属）は苔類だ。読者の興味をひきそうな情報をひとつ。銀閣寺（夢窓疎石が普請した西芳寺に感銘を受けて建立された）では、親切なことに、苔の標本が名札とともに展示されている。苔の種を知るのに役立つだろう。

京都にある印象的な苔庭園

　京都市内とその近郊には公私を問わず、印象的な苔庭が非常に多く存在する。都心の閉塞的な空間に押し込められているせいか、ドアから外に出ると、少しでも自然を感じたいと思っている日本人は多い。苔を取り入れたミニチュア庭園（坪庭）は個人宅の中庭や玄関口でよく目にする光景だ。塀の陰に隠れて限られた人々の目を楽しませるために生きる苔もあれば、多くの人にその姿を見せている苔もある。料亭で苔が演出に使われていると、食事がよりおいしく味わえるように思う。寺院の庭園は苔のショーケースさながらだ。たとえば、東福寺の庭園は市松模様に苔を配している。青梅市御岳にある玉堂美術館、東京都港区南青山にある根津美術館、富士箱根伊豆国立公園にある彫刻の森美術館などは苔庭園の美しい美術館。芸術と苔の両方を楽しむことができるだろう。

京都、曼殊院。ならされた白砂と小石は流れる
水を、苔と低木は島を表している

左　苔は日本のいたるところで見ることができ
る。個人宅に坪庭がしつらえてあることもあれ
ば、この写真のように落ちついた眺めを客に提
供している料亭もある

苔の風格が古めかしい石燈籠によく映える

日本の苔庭園が教えてくれること

　日本の苔庭園はインスピレーションの宝庫だ。簡素な様式で、考え抜かれて配置された意匠から、わたしたちモス・ガーデナーは多くのことを学べる。砂や小石は水を表し、大小の波の形に見立てて丁寧にならされている。こうした眺めは、海に囲まれた国に暮らす人々に強い親近感を抱かせる。昔の日本庭園には、永遠を象徴する聖なる島が必ず配置された。仏教の影響によって山が表現されることも多い。大きな石や岩を3つずつかためて配置するのは、2人の菩薩に両側を守られた仏陀を象徴している。松は庭の構図を決める基本となる木だ。盆栽の場合でも、梅やモミジや桜と並べて手入れされた松を植え、まっすぐに伸びた竹を合わせれば、盆栽に個性と高さが生まれる。庭の景観は、ほぼ緑一色に支配されている。無駄を省いた簡素さを中心に、その場に求められる静けさが実現されている。ここでは、対称であることよりも、非対称であることのほうが好まれる。ものの形は不揃いで、石や木をまとめるときも偶数ではなく奇数だ。

　機能的な部分の中にも常に美が存在する。優美なカーブを描く橋や、趣味のよい門構えは庭園に一体感をもたらす。茶室につきものである水鉢や石燈籠も、機能と美を兼ね備えている。手水（ちょうず）は茶道の一部なのだ。石灯籠は、現在ではほとんど飾りみたいなものだが、初めて導入された7世紀には小道を照らすのに使われていた。後年になると、夜の舟遊びをするときに池の縁

壮麗なる緑　苔庭園を歩く

をきらきらと照らした。茶道が登場すると、石灯籠は夜に茶室へ続く踏み石を照らすという実用的な目的でも利用されている。

アジア各地の庭園のスタイルを取り入れたような、独自の日本風の茶庭を造り上げてもいい。東洋の厳かな庭からは、自然と人の魂のつながりを学ぶことができる。苔庭をつくっているときから、そのことを感じ取れるにちがいない。忍耐、努力、細部に配慮すること、状態を最良に維持すること、全体を調和させること——モス・ガーデニングを体験すれば、こうした学びが得られるだろう。

欧米の公立庭園の苔庭

アメリカの植物園でも苔を見ることはできる。東洋趣味にインスピレーションを得た日本風の茶庭は、アメリカの津々浦々にある。代表的なところでは、サンフランシスコ、ポートランド、サンアントニオ、セントルイス、ニューヨーク、ダーラム、バーミンガムなど。日本と密接な関係を持つ園芸家が設計した庭がほとんどだ。伝統的な日本の庭園様式で植えられたはるか東の地から輸入されてきた植物や木は、趣たっぷりだ。門をくぐった人々は、しばし時の流れから離れて、東洋文化特有の静謐さを肌で感じているようだ。

一方で、苔は日本風庭園の設計に必ずしも欠かせない要素とはされていないことは驚きだ。植栽リストの上位に苔が載ることはなく、公式のリストには載っていないことすらある。一流の大学でも、苔の園芸的価値が取り上げられる機会はめったにないので、維管束植物の扱いには詳しい学生でも、苔を用いた園芸については知識がないだろう。苔を計画的に繁殖させるのは簡単なことではなく、苔の生態に詳しい人間も限られる中、植物園は代案としてアイリッシュモス（サギナ、苔ではない）や芝生を植えてきた。

しかし、大々的に植栽されることはなくとも、苔はあの独特なエメラルドグリーンを武器に自分たちを庭の一員に加えるよう、粘り強く働きかけている。残念ながら、公立庭園の多くではこまごまとした庭園管理に割ける予算も人手も限られているので、珍重される種や人目を引く植物よりも、苔の地位は低く扱われている。苔の生える場所には瞬く間に雑草がはびこるので、適切な世話を受けたり、適量の水が定期的に与えられることなしに、苔が生き延びることは難しい。

もっとも、苔には格別の美しさがあること、そして苔は環境保護にも役立つということに興味を持つ人が増えてきたため、本物の苔庭園——公立、私有にかかわらず——は今後増加していくだろう。まだまだ日本庭園の影響は続くだろうが、クリエイティブな庭園設計士や、熱意ある家主たちなら、そこに独自のテイストを加えていくことができる。森林庭園、自然保護の現場、滝や池の周囲、戸外の生活空間——こうした場所で、苔が活用されているのを目にする機会も増えるはずだ。

アメリカ初の茶庭、ゴールデン・ゲート・パークのジャパニーズ・ティー・ガーデン

サンフランシスコにあるゴールデン・ゲート・パークはアメリカ初の茶庭で有名だ。1894年に国際博覧会のために造園され、数十年かけて萩原真とその家族が庭を成長させた。萩原家の行き届いた世話のおかげで庭は美しい姿を見せるようになったが、それも彼ら日系アメリカ人が静かな庭園から連れ去られて強制収容所に入れられるまでのことだった。この暗黒時代の間、庭は完全に放置されていたが、後に復元され、萩原家の偉業を今に伝えている。現在は何千人もの人がこの安らぎの場所を訪れている。ここでは、鏡のように風景を映しだす池の岸で育っている苔が見られるだろう。

アメリカ北西部における7〜8月の暖かな気候は、苔の成長に適している。
ゴールデンゲートパーク、ジャパニーズ・ティー・ガーデンにて
次ページ　庭園内に点在する苔。オレゴン州ポートランド、ポートランド日本庭園にて

精神と自然の一体化をテーマとした ポートランド日本庭園

　アメリカ随一の日本式庭園として知られるポートランド日本庭園は、市の高台に位置するワシントン・パークにあり、2.2ヘクタールの面積がある。その静かな佇まいには、神道、仏教、道教の息吹が感じられ、精神と自然の一体化という普遍的なテーマが息づいている。様式の異なる5つの庭園に統一感があるのは、共通の要素として、石と水と植物がうまく融和しているからだ。当時の一流造園家、戸野琢磨により1963年に設計され、その後、数回の改修を経て、典型的な日本庭園の一例として人気の観光スポットになっている。

　5つの庭園のうちの1つ、ナチュラル・ガーデン（自然の庭。当初の名称はヒルサイド・ガーデン）で、戸野は苔を取り入れた。近年、この庭は装いを改め、最も現代的な東洋式庭園とみなされている。地元の楓が使われているのは、ありきたりな日本庭園からの決別を象徴している。戸野は、この庭園を周囲に広がるオレゴンの森と比肩する存在に押し上げたいと考えていた。人の手で植えられた苔は、数十年の間に徐々に弱ってきたが、今ではその生き残りが、大量の自生種と共に、湿度の高いポートランドの気候によく適応して繁殖している。

　現在は、作庭の新鋭、内山貞文が庭園の手入れと監修に当たっている。明治から続く庭師の3代目である内山は、日本で暮らしていた頃祖父から庭師としての技術を受け継いだ。庭の美観を維持するため、ガーデン・キュレーターとして庭師とボランティアを教育している。このリラックス感に満ちた庭を散策するときには、ぜひ時間をたっぷり取って、自分自身と向き合ってみてほしい。

壮麗なる緑
苔庭園を歩く

ブローデルのデザインセンス・人生観を映す庭園

「このリザーブ（特別保留地）を歩いていると、調和、敬意、静穏という3つの言葉が何度も頭に浮かんでくる」——ワシントン州ベインブリッジアイランドにあるブローデル・リザーブの創設者、プレンティス・ブローデルはこう語った。彼はつねづね、太平洋岸北西部の美しい景観と人間とを結びつけたいと考えていた。庭園を訪れる人々を観察していると、深い安らぎから舞い上がるような昂揚感まで、さまざまな表情が見られることにブローデルは気づいていた。それがすなわち、自然と魂の一体化ということなのだ。ブローデル・リザーブは150ヘクタールの広さを誇る森林公園で、敷地内には数々の庭園が設けられている。その中には日本庭園や人工池、そして北アメリカで最大規模を誇る苔庭園もある。

ブローデルは時代の先端を走っていた。20世紀のサステナビリティ活動の先駆者であった彼は、製材所に動力を供給するためにおがくずを利用し、材木が切り出された土地の森林再生プログラムを開始した。ブローデルの頭の中にはビジョンがあり、1950年にリザーブを買い取って、巨大な面積を持つ憩いの場へと展開した。もともとは私有地だったが、1988年に一般にも公開されるようになった。日本人作庭師、クボタ・フジタロウやリチャード・ヤマサキら、北西部の名高い庭園設計家が関わることもあったが、この庭園はまさに、ブローデルその人のデザインのセンスと人生観を具現化したものだった。この聖地を訪れる人々には、自然を体感することによって、悟りの境地へと導かれるような感覚を味わってほしい——というのが彼の願いだった。30年以上をかけた作庭は、彼にとって最も重要なライフワークとなり、夢の実現ともなった。

苔について話そう。ブローデル・リザーブでは自然の苔が定着し、何世代にもわたって繁殖している。シアトルに近いピュージェット湾では霧がよく発生するが、この気候は苔の成長には理想的な環境だ。多雨と強風は植物の大敵だが、この土地でガーデニングに従事する人々によれば、そんな気象条件でも苔は元気に生きているという。実際、じめじめとした長い冬は、苔の繁殖には適している。寒波の被害を報じる新聞記事でも、ブローデル・リザーブの苔だけは、この気候を"満喫している"と伝えられた。

ブローデル・リザーブの40種を超える苔はさまざまな質感を呈し、朝露をまとったその姿は緑や黄色のきらきら光る宝石をちりばめたカーペットのようだ。シダの陰で濃緑色に茂る*Atrichum selwynii*（和名未定）は、日光に強い*Rhytidiadelphus squarrosus*（和名：フサゴケ）の金色のリボンに囲まれて、メダルのように誇らしげな表情を見せる。湿度の微妙な違いで、苔の生活圏は変わってくる。*Calliergonella cuspidata*（和名：ヤリノホゴケ）は陥没した水はけの悪い場所によく生え、小高い丘の頂上で群生する*Atrichum*属（和名：タチゴケ属）、*Polytrichum*属（和名：スギゴケ属）、*Leucolepis acanthoneuron*（和名未定）と同じ場所で見ることはない。湿って腐った丸太の上には、*Plagiothecium undulatum*（和名未定）や*Tetraphis pellucida*（和名：ヨツバゴケ）が繁殖している。*Kindbergia oregana*（和名未定）、*Rhytidiadelphus loreus*（和名未定）、*Rhytidiadelphus triquetrus*（和名：オオフサゴケ）は風雨にさらされた切り株を飾り、*Racomitrium*属（和名：シモフリゴケ属）は丸石の上に陣取って、玉座の上の王者のように堂々としている。

ブローデル・リザーブには、太平洋岸北西部原産の苔もあれば、わが家のすぐ裏手のノースカロライナの森でふつうに生息している苔もある。わたしの友人の蘚苔類学者、ジェームズ・ウッドによれば、両者の間にはかなり共通する種が見られるという。丸太や切り株を覆う*Dicranum scoparium*（和名：カモジゴケ）や*Tetraphis pellucida*（和名：ヨツバゴケ）はわたしにとって馴染みぶかい苔だ。池の縁や排水溝など、水に浸かった場所も苔類の天国。冬の

長雨の後、*Conocephalum conicum*（和名：ジャゴケ）の濃い緑色から短命な胞子体が立ち上がる。繁殖期にあたるこの短い期間（1年のうちの2〜3日）に、白っぽい半透明の茎（この内側で胞子を形成する嚢を支えている）が出現する様子は、ウッドの言葉を借りれば、「ミニチュアの庭に、ちらちら光る霜がおりたようだ」。

　じめじめした冬は生殖の準備期間で、毎年春になると、ほとんどの蘚苔類は見事な胞子体を見せてくれる。その佇まいには畏怖を感じるほどだ。夏になると雨が減り気温も上昇するが、苔は過ごしやすい時期が来るのをじっと待っている。この時期に灌漑設備を利用すれば、苔の豊かな色彩を維持しやすくなるだろう。しかし、苔の信じがたい生命力を感じるのはやはり冬だ。このように魅力あふれる遺産を後世に残してくれたブローデル家の人々に、心から感謝したい。

ブローデル・リザーブを散策するときは、40種以上の苔の魅力をたっぷりと味わって

ワシントン州ベインブリッジアイランドのブローデル・リザーブは苔の成長に理想的な環境

上 苔に覆われた石灯篭は、ブリティッシュコロンビア州バンクーバー島のブッチャート・ガーデンのジャパニーズ・ガーデンでひときわ目を引く

下 つる棚の下を通り抜け、輝く苔の間へと案内してくれる小道。ブッチャート・ガーデンにて

100年にわたり守られてきた
ブッチャート・ガーデン

　ブッチャート・ガーデンは、ブリティッシュコロンビア州ビクトリアの近郊にあり、ルノワールの絵画から抜け出たような豊かな色彩と質感が楽しめる庭園だ。数百万本の花や低木、樹木が季節それぞれに数千人の訪問者の目を楽しませている。庭園にはジェニー・ブッチャートお気に入りのローズガーデンを含む6つの庭と、スターポンドがある。かつてこの池には、ロバート・ブッチャートがコレクションしていたアヒルのオーナメントが飾られていた。1900年代の初めに夫妻が土地の景観を美化しようと決心したのが庭園の始まりで、後に夫妻の孫であるイアン・ロスとその家族が指揮を執り、世界的な名所へと進化させてきた。現在はロバートとジェニーの曽孫にあたるロビン・リー・クラークがオーナーとなり、100歳を越える庭園は一般公開されている。

　もともとは石灰石の採石場だった区画を改装した壮大なサンクン・ガーデンは、環境保護の観点からも土地開発の観点からも、注目に値する事例と言える。ジェニーは馬に荷車をつけて（手作業では困難な仕事なので）何トンもの土を大きく口を開けた採石場の穴に運び込んだ。それは息をのむような庭に発展し、彼女の遺産となった。ブッチャート家の環境に対する高い意識や、きちんとした管理方針に基づくリサイクルへの努力は、現代の庭造りのお手本だ。1950年代半ばから、庭園ではクリスマスのデコレーションやサマー・コンサート、花火といった華々しいイベントが催されるのが恒例となり、年間を通じて活気づいている。敷地内をひとめぐりすれば、メディタレニアン（地中海）・ガーデン、イタリアン・ガーデン、ジャパニーズ・ガーデンを回れるので、世界旅行をした気分だ。

　苔愛好家が来てよかったと思えるのは、やはりジャパニーズ・ガーデンだろう。ブッチャート夫人は日本人作庭家の岸田伊三郎の助力を得

て、1906年に東洋の特色を備えたこの庭をつくった。伝統的なデザインと夫人の感性が融合して、静謐な庭が実現している。ここには世界中で見られる苔が生息している。たとえば、*Polytrichum*属（和名：スギゴケ属）。ふかふかしたクッションのような*Bartramia*属（和名：タマゴケ属）は水辺の湿気を好む。ビロードのような*Ceratodon*属（和名：ヤノウエノアカゴケ属）、みっしりと濃く広がる*Andreaea*属（和名：クロゴケ属）は丸石や石垣を飾っている。木によく似た形の*Climacium*属（和名：コウヤノマンネングサ属）が地面にびっしり生えている様子はミニチュアの森のようだ。

この庭園では、20種以上の蘚類と苔類が地表を美しく飾っている。ここで見られる蘚苔類はもとからこの地に生育していたものなので、苔がみずから侵入してきた可能性が高い。人の手でここに苔を植えたという記録は存在しない。それでも、ブッチャート・ガーデンに広がる緑はわたしたちを楽しませてくれる。「園芸担当者は、定期的に草取りをする以外は、自然災害や訪問者による破損の修復を必要に応じて行っているだけなんです」と広報・マーケティング担当のグラハム・ベルは言う。「持続可能な手法を実践しているので、ジャパニーズ・ガーデンの苔に水やりには、建物や駐車場の雨どいから集めてきた雨水や、池の水も利用しています」

情熱的なボランティアによってつくられたデューク・ガーデン

デューク大学内のサラ・P・デューク・ガーデンにある7.2ヘクタールのウィリアム・ルイス・カルバーソン東洋植物園では、苔は目新しいものではない。この植物園はノースカロライナ州ダーラムにあり、1984年に設立された。この土地では、樹齢180年の壮大なホワイトオークが作る日陰に、さまざまな苔がすでに生息していた。管理人のポール・ジョーンズ自身も熱心な苔愛好家だが、これらの苔を管理して繁殖させた功績は、情熱的なボランティアのバー

バラ・クレメンにあるという。1990年代以降、苔は険しい小道の土手に沿って広がり続け、散策中に苔と出会う楽しさを訪問者に提供してきた。しかし、2010年の夏に起きた嵐のせいで、運悪く巨大なホワイトオークが倒れてしまった。苔を守っていた大きな日よけがなくなって、ストレスにさらされる苔が出始めた。そこで、新たな苔の見せ方を工夫する必要が出てきた。

開園当初から庭の育成を指導してきたジョーンズは、園芸家のマイケル・ローリンズとともに、ピードモント地方に自生するさまざまな苔をモチーフとした広大な庭園をつくることを夢見て、話し合いを重ねた。幸い、苔の入手先には事欠かなかった。ダーラムとオレンジ郡に住む名士たちは広大な森を所有していたし、近所の人々や友人たちも苔のサンプルを提供してくれた。*Thuidium*属（和名：シノブゴケ属）、*Climacium*属（和名：コウヤノマンネングサ属）、*Atrichum*属（和名：タチゴケ属）、*Polytrichum*

ノースカロライナ州ダーラムのデューク大学内に2013年に設立された苔庭を飾るのは、*Atrichum*属（和名：タチゴケ属）、*Thuidium*属（和名：シノブゴケ属）、*Bryoandersonia*属（和名未定）だ

属（和名：スギゴケ属）、*Rhodobryum*属（和名：カサゴケ属）をはじめとする各種の苔が採取され、移植された。30種あまりの蘚類、苔類、ツノゴケ類の中では、*Bryoandersonia*属（和名未定）が最も多かった。

快く寄贈された、たくさんの苔のおかげで、夢は現実となり、キャスリーン・W・スミス・モス・ガーデンは2013年5月に完成した。採取された苔はジグソーパズルのような数百の区画にびっしり植えられ、新しい苔庭が息づいた。1日に2回、散水装置が自動的に立ち上がり、8分間、軽く静かに水がまかれる。こうした定期的な水やりが行われる前でも、苔は十分に美しかったが、水分を補給すると、より生き生きとした姿を見せるようになった。石を配した小さな池、丸石や玉石にもすぐ苔がついた。ジョーンズは最高の苔庭をつくる秘訣は水やりだと考えており（わたしも心から同意する）、水道水を使用しても苔に悪い影響はないと報告している。

庭の美観を保つため、スタッフとボランティアは日々、リスや鳥による被害の修復と草むしりに心を砕いている。年月を経た苔庭の区画では、しつこいハマスゲや広がるチドメグサの制御が課題だ。リスや鳥は苔を乱暴にむしって散らかすので、修復はもはや通常業務である。とりわけ犠牲になりやすいのが*Dicranum*属（和名：シッポゴケ属）で、修復するときは、散らかった苔を集めて庭の隅に置いておく。さて、どうなるだろう？ご想像のとおり、定期的な散水のおかげでいつも適度な湿気が維持できているから、むしられた苔も新たな場所で定着することができるのだ。

デューク大学では庭をもう少し広げようとしている。ポートランド日本庭園のキュレーターであり、三代目造園家でもあり、高名な日本庭園の専門家でもある内山貞文は、新しい日本風庭園を設計し、苔を植物リストに載せている。一般的な作庭から一歩踏み出し、特定の文化をテーマにした庭園を展開しようと、中国庭園の設計も進行している。東洋の庭園は、つねに新しさを取り入れながらも、昔ながらの佇まいを

保っているのが特徴だ。苔のある癒やしの空間は、今後も発展しつづけるだろう。

神道と禅の影響を受けた ミズーリ植物園の日本庭園

セントルイスにあるミズーリ植物園の日本庭園は正式名称を「清和園」といい、"清純にして清明な、調和と平和に満ちた庭園"を意味している。1977年に造園され、5.6ヘクタールの広さを持つこの庭園は、自然を強調しつつ、神道と禅の影響を反映している。うねるような形状の1.6ヘクタールの池は曲がりくねった石の小道があり、庭の最大の見どころとなっている。池の周囲のどこからでも、あるいはどの橋のたもとからでも、滝や小島、木々や岩からなるすばらしい眺めを堪能することができる。枯山水の庭では、念入りに粒をそろえた白い砂利がならされて、島山を象徴する3つの丸石を取り巻き、海の波を表現している。

日本式庭園の多くがそうであるように、春には桜の木が景観を支配し、秋にはモミジが緑を基調とする庭に色どりを添える。建物や木々が雪をまとった姿は際立って印象的だ。とくに夜、石灯篭からのかすかな光がゆらめくように雪面を照らし出す様子は趣がある。考え抜かれた位置に並べられた長椅子は、庭園の美しさをじっくり味わい、自己の内面と向き合うのに最適な場所だ。

庭園を設計したのはアメリカで活躍した日系アメリカ人の造園家・川名孝一で、時代を経ても庭の景観はほとんど変わっていない。ここでは、伝統的な日本庭園であり続けることが何よりも優先されてきた。もともとの川名の計画では、植栽リストの中に苔は含まれていなかったが、いつのまにか自生の苔がこの中西部の庭園に入り込んできた。スタッフもそれを歓迎したのだろう。ニシキギが駆除対象となって取り除かれることになっても、その下に生えていた苔は見逃され、積極的に繁殖を許されてきたのだ。

苔が繁殖する様子を調べるために、ちょっとした実験が行われている。まずは一番下に樹脂

壮麗なる緑　苔庭園を歩く

ならした白い玉砂利を海の波に見立て、石の柱で島を表現している

製シートを敷き、その上に保水材としてフェルトを層状に重ねて、数種の苔（*Dicranum*属（和名：シッポゴケ属）、*Leucobryum*属（和名：シラガゴケ属）、*Polytrichum*属（和名：スギゴケ属）、*Thuidium*属（和名：シノブゴケ属）、*Hypnum*属（和名：ハイゴケ属））を地衣類の*Cladonia*属（和名：ハナゴケ属）と一緒に植え付けて、上からチュール（ごく薄い網状布）をかぶせる。これでよく育つ苔もあれば、1×1.5メートルの狭い区画の中では成長できない苔もある、と園芸管理人のベン・チューは言う。

1種類のみで植えた場合、植え方を変えた場合、定期的に水やりをした場合にどうなるのか、実験は続いている。

　清和園は一年を通じてすばらしい庭園であり、ここに来ると調和と平和の心髄に触れることができる。たとえば、労働者の日（毎年9月第1月曜日）を含む3連休にはジャパニーズフェスティバルが開催され、色とりどりの衣裳をまとった人たちが集まり、普段は静けさに満ちた庭が、東洋の楽器の美しい音色と太鼓の轟きで満たされる。

日本の山里を思わせる
ヒュームズ日本庭園

　苔に覆われた岩々や石灯篭が立ち並ぶ急斜面を登っていくと、山奥の隠れ家にたどり着く。昔の日本の山里を思わせる風景だ。実際には、ここは日本の裏側にあるニューヨーク州のミル・ネックなのだけど。ジョン・P・ヒュームズ日本庭園をそぞろ歩き、静謐さの中に身を浸すと、ちょろちょろ流れる小川や流れ落ちる滝の眺めが、心からくつろいだ気分を引き出してくれる。澄みきった池は海を象徴し、そこへと至る砂利道は川の流れを表している。

　丘の頂上に着くと、別の時代の別の世界へ踏み込んだような感覚を味わえる。再現された茶室も見どころだ。駐日アメリカ大使のジョン・P・ヒュームズがもたらしたこの日本庭園は、足利家の時代（義満から義輝までの1477〜1560年に相当する期間）の典型的な建築様式を示している。1980年代に、この個人邸宅の一般公開が始まった。苔の緑は50年以上をかけてみごとに広がり、この注目すべき日本庭園でゆっくり時を過ごす心地よさをいや増してくれる。

地域で支える公共の苔庭園、
シルバーモント・パークの
ウッドランド・ガーデン

　苔の姿が楽しめる公共の庭は、都市部だけではなく小さな町にもある。わたし自身、そうした庭の建造に関わることもあるが、ノースカロライナ州ブレバードのシルバーモント・パークのウッドランド・ガーデンはそのひとつで、中心部には、地元の苔を植え込んだ約15平方メートルの円形の庭がある。これは地元の人たちの協力を得て、近隣の住宅地で壊滅しかかっていた苔を救い出し、公園に植え直したモデルケースだ。2010年に苔庭が完成して以来、ノースカロライナ州トランシルバニア郡のマスター・ガーデナーたちは、照りつける太陽の下、酷暑にもかかわらず、たゆまぬ手入れを行って

悟りへの踏み石を登っていく設計に、ジョン・P・ヒュームズ日本庭園のコンセプトが表れている

下　ヒュームズ日本庭園の苔のじゅうたんは季節とともに色を変え、金色からふたたび緑色に移り変わっていく

水やり、草むしり、ごみ拾いといった世話を続けることで、シルバーモント・モス・サークル・ガーデンは長期にわたって成功してきた

いる。おかげで苔はよく育ち、季節ごとに見る人の目を楽しませている。わたしは庭の母親になったような誇らしさを感じると同時に、毎週親身に庭を世話してくれているボランティアの人たちに心から感謝している。彼らは庭の美しさを保つために、定期的に草むしりをし、春から秋にかけて、水やりをしてくれている。

ボランティアのマスター・ガーデナーたちがブレバードのシルバーモント・パークで地域の苔庭を造っている

蘚苔類ワークショップを楽しむ、リーラ・バーンズ・チーザム・ラーニング・モス・ガーデン

2012年1月、わたしは冬のさなかに山を越え、雪をかぶった森を抜け、ハイランズ・バイオロジカル・ステーションの一画に学習用の苔庭をつくった。この施設は、ウェスタンカロライナ大学と地元の自然公園が、社会人向け教育のために共同で立ち上げた研究機関であり、全国から生徒と教員が集まってくる。リーラ・バーンズ・チーザム・ラーニング・モス・ガーデンと名付けた庭は、ノースカロライナ州ハイランズの谷間を占領するみごとなシダに囲まれた、シャクナゲの群生の真ん中に位置している。このモス・ガーデンの特色は、自然環境の美しさを強調するために、米国に自生する多種の苔を植えたことにある。

さらに、この学習用の苔庭はハイランズ・バイオロジカル・ステーションが従来続けてきた草花や樹木などの分類と同様に、蘚苔類の分類も行っている。植物の遺伝子マーカーから苔の種を同定する機関はごく少ないが、ここはそうした機関のひとつだ。この機関の教育理念に興味のある人は、公式サイトを参照してほしい。訪問のおりには、池の湿地をうねうねと抜けて、

リーラ・バーンズ・チーザム・ラーニング・モス・ガーデンの案内サイトでは、理念がくわしく紹介されている

Leila Barnes Cheatham
LEARNING MOSS GARDEN

Explore the fascinating, miniature world of the 450 million-year-old Bryophyta family of mosses. In this serene retreat, observe the variety of textures, subtle shades of green and accents of sporophytic colors.

Bryophytes reproduce through a two-stage cycle:

Botanical characteristics of non-vascular mosses:
- NO roots - only rhizoids to attach to surfaces
- NO flowers - NO seeds
- NO cuticle - waxy leaf coating

Not all mosses grow in the shade ~ some species like sun exposures.

Gametophytic Stage
Plants produce egg and sperm for fertilization. Then in the 2nd stage...

Sporophytic Stage
Spores mature in capsules which spread via the wind to create new plants.

Moisture and nutrients are absorbed quickly through leaves only one-cell layer thick. Phenolic compounds enable mosses to tolerate extreme cold and to resist pests and diseases.

Also, bryophytes can grow asexually from leaf fragments.

Bryophytes offer environmental solutions for:
water conservation • erosion control • stormwater filtration • nutrient poor soil.
Feature eco-friendly mosses in your own garden, moss lawns, stone patios and green roofs
to enjoy year-round green.

HIGHLANDS BIOLOGICAL STATION

樹齢500年を超える樹々からなる原生林へ通じる小道を散策するのもお忘れなく。

苔愛好家が興味を持つのは、ハイランズ・バイオロジカル・ステーションが2年に1度開催する1週間の蘚苔類ワークショップだろう。蘚苔類を植物学的な面から科学的に探究する集中コースを履修した学生には大学での単位が認められる。学生以外の熱心な苔愛好家がこのコースを受講することも可能だ。野外観察のほか、顕微鏡による形態観察も行うなど、実践的な学習に重点を置いている。そこまでアカデミックではなくてもいいという人や、苔のことをちょっと詳しく知りたいガーデナーは、わたしが折に触れて開催しているセミナーやワークショップで学ぶことも可能だ。参加者同士で苔やガーデニングについて情報交換する場にもなっている。

個人で所有する苔庭

私有の苔庭は、角地に隠れていたり、塀の間に挟まれていたりしているものが多い。裏庭の秘密めいた小さな一画から、広大な地所の中にある庭園まで、その規模はさまざまだ。シャクナゲやツツジの印象的な植え込みの間をすり抜けて、シダの群れやギボウシの大きな葉っぱを脇に見ながら、苔で覆われた小道を歩いていくのは、わくわくするような冒険だ。旅先でインスピレーションを受けたモス・ガーデナーが、自宅に日本の茶庭を再現するという高度な目標を達成している例もあれば、森の中にいるような雰囲気を作り出すために、苔を自分の庭に持ち帰る（あるいは苔が侵入するにまかせる）人もいる。

デザインや規模が違っても、これらはすべて苔庭なのだ。アメリカをはじめとする世界中の苔愛好家たちとつながり、彼らの苔庭を訪問するのは、わたしの特権であり、栄誉だと思っている。お金をかけた広い庭から、ひっそりと慎ましい庭まで、どんな苔庭でもわたしにとっては魅力的だ。仲間意識と誇りを共有しつつ、それぞれが苔の旅で学んだ教訓や経験を熱心に話

バージニア州リッチモンドにあるノリー・バーネットの苔庭。アメリカにあるすばらしい苔庭の一例

し合い、交換する。どの人も、大好きな苔を中心にした景観を自宅に作りたいと思っている。こうして完成した特別な場所に、家族や友人、ときには見知らぬ人をも招いて成果を披露するのは、わたしたちにとって普通のことなのだ。

　わたしが心から願っていることがある。それは、わたしが作った「死ぬまでに訪れたい苔庭リスト」に載っている苔庭を巡り、アメリカ全土、そして世界中を旅して回ることだ。知られざる苔庭を新たに発見したり、苔に対する情熱を共有できる園芸家たちと新たに知り合ったりすることで、行きたい場所はもっと増えていく

だろう。とはいえ、アポイントもなしに訪れたり、遠くからうっとり眺めたりするだけでは嫌だ。そうではなく、日々苔に触れている人々と直接知り合うことが、わたしのライフワークだと思っている。互いに情報を共有することで、わたしたち全員にとって価値ある知識が体系化されてゆくからだ。

　わたしは、自分が手がけた苔庭と共に、成功したモス・ガーデナーたちを本書で紹介できることを誇らしく思っている。彼らこそは苔愛好家の手本と言える。アメリカを含め世界中に、苔愛好家は想像以上に大勢いるのだ。

わたしの苔庭

　1990年からの数十年間、わたしは心の求めるままに、ありふれた郊外の庭を少しずつ自分なりの苔の天国に変身させていった。申し分なく美しいこの小さな庭には、わたしの自然観が反映されている。自然とは、静謐さの中に斬新さを垣間見せるものだ。わたしが住むバンガローの庭は人目を引く景観で、苔を代表する30〜50の種が何千本も植わっている。塀と塀の間には一体感のある苔のカーペットが広がり、四季を通じて喜びを与えてくれる。数種の苔を取り合わせることによって、それぞれの苔が異なる時期に成長期と繁殖期に入るので、庭の景観をいつも生き生きとした状態に保てる。

　苔庭園デザイナーとして、わたしは日本の様式を称賛しているし、敬意を抱いてもいる。でも、ただひとつの考え方に縛られる必要はない。機能性と美しさを兼ね備えた庭をつくるというガーデニングの原則に従ってさえいれば、どんなスタイルでも魅力的で落ち着いたスペースをつくることができるはずだ。自分のイメージや好みを加えれば、思い切って新しい領域へ進めるだろう。わたし自身、山の中にある自分の庭に世界各国の庭園様式を取り入れ、苔に対する情熱をブレンドして、理想の聖域を造り上げた。最も優先されるのは緑の苔だが、ほかにも自分の好きな木々や植物を取り入れている。年月を経るにつれ、わたしは自然な状態をより尊重するようになった。もともとは別個に存在していた苔が成長すると、境界がなくなって1つに溶け合う。また、欧米人の多くがそうであるように、彩りにアクセントを添え、香りまでプラスしてくれるカラフルな花々を取り入れるのも好きだ。この土地の植物がお気に入りだが、キバナスイセンや香りの強いスターゲイザーリリーなど、遠い国からやってきた多年生植物にも心惹かれる。

バンガローの庭は苔のおかげで人目を引く景観に仕上がった。もう二度と、芝を刈ることはないだろう

壮麗なる緑　苔庭園を歩く

左から時計回りに
庭のモミジが下に生えている苔に日陰を作っている。東洋らしさがよく出ている

わたしの庭は折衷式で、個性的な木片とたくさんの苔をあしらっているのが特徴だ

この盆栽はあらゆる天候に耐える。わたしの苔庭の縮図といってもいい

わが家に日本庭園を再現する必要はないと感じているものの、魅力的な要素は積極的に取り入れている。森で見つけたピラミッド形の切り株をジュニパー（セイヨウネズ）と一緒に植え、その隙間に装飾用の苔と地衣類を詰めた。わたしなりに盆栽を解釈したというわけだ。そのそばには、別の“天然の盆栽”がある。立派なアメリカグリの苔むした破片だ。アメリカグリはかつて北アメリカの東海岸沿いの森を支配していたが、1900年代初期に侵入した胴枯病によって壊滅した。朽ちたアメリカグリの根株からカナダツガが爆発的に芽を出したので、樹高を低く抑えて枝が横方向に伸びるように定期的に刈り込んでいる。一方、盆栽にしたジュニパーは、根の張りが制限されているため、小ぶりな姿を維持している。

　わたしは低い背丈を維持できるモミジも数本、庭に仲間入りさせた。この東洋そのものといった植物に手を出さずにはいられなかったのだ。枝が垂れ下がり、鮮やかな葉をつける「手向山」という品種のイロハモミジを選んだが、下に生える苔にとっては格好の日よけとなり、庭

こんもりとした*Polytrichum commune*（和名：ウマスギゴケ）と*Polytrichum juniperinum*（和名：スギゴケ）を、*Thuidium delicatulum*（和名：コバノエゾシノブゴケ）と組み合わせて立体感を出している

を眺めるために少しの間ベンチに腰かけるときにも涼を提供してくれる。小型のモミジは見た目にも愛らしく、わたしが住む山地に自生するシャクナゲやアメリカシャクナゲの美しさを引き立てる効果もある。

　ほとんど緑一色に見えるわたしの庭だが、実際にはさまざまな色合いや質感が混じり合っている。ひとかたまりになった苔の形や大きさも多岐にわたる。かたまり同士が一体化することもあれば、まったく混じり合わずに繁殖する場合もある。上に向かってこんもりと成長する*Polytrichum commune*（和名：ウマスギゴケ）や*Polytrichum juniperinum*（和名：スギゴケ）は、ひとかたまりのサイズが大きく、濃い黄緑と青緑のニュアンスを感じさせる独特の色合いをしており、古い個体には暗褐色のよじれた茎があるので、遠くからでも見分けられる。*Dicranum scoparium*（和名：カモジゴケ）と*Aulacomnium palustre*属（和名：オオヒモゴケ）は、どちらもふわふわして山のような厚みがあるが、色がまったく違う。前者は深いエメラルドグリーンだが、後者は黄緑色でペリドットのような色合いだ。クッションのような感触の心地よさに、その美しさをつい忘れがちだが、足で触れてみると「これぞ苔だ」と実感することができる。

　一方、広がって育つ*Marchantia polymorpha*（和名：ゼニゴケ）の場合、その上を歩くと葉はゴムのようで、胞子体はごわごわと刺のように感じられる。わたしはその感触が好きではないが、胞子体のてっぺんの葉に似た構造の真下に黄土色の萌が生じている様子はまるで小さなヤシの木のようで、その眺めには感動してしまう。ゼニゴケはあたりかまわず成長し、ほかの苔の生活圏を圧迫する。悲しいかな、この雑草のような苔は、わたしの庭でも恐ろしいスピードで繁殖している。冬と早春の数カ月間は、黒くぬるぬるした見た目になるので、本当に気に入らない。わたしはいつだって緑が大好きなので、お気に入りの*Climacium americanum*（和名未定）をもっと増やしてゼニゴケの勢力を削

いでやろうとたくらんでいる。*C. americanum*（和
名未定）のすばやい定着力と、驚くべき強靭さ
で新たな区画を占領するパワーには感心してし
まう。小さな木のように見えるこの蘚類が成熟
すると、群落はさまざまな緑色を呈し、先細り
の先端が集まったところは王冠のように見える。
この王冠は北アメリカでよく見られる。

　わたしの庭ではいつも何かしらの変化が起き
ている。2009年から2010年にかけての冬には、
車庫までの道をアスファルトから苔に換えた。
この夏には、増殖していた自生のシャクナゲを
取り払って約7平方メートルの歩道を開いた。
日本庭園の影響を受けて、　鮮やかな緑の
Atrichum undulatum（和名：ナミガタタチゴケ）
で周囲を飾った黒い踏み石も置いてみた。庭園
とはつねに流動的であるべきで、景観を固定化
させてはならない、というのがわたしの考えだ。
このように、折に触れて手を加えていると、地
道な努力が実っていくことに誇らしい気持ちが
溢れてくる。芝生やアスファルトの道、ありふ
れた植物があったところには、わたしの狙い通
りに魅力あふれる苔が息づいている。

私に苔の素晴らしさを教えてくれた
ケニルワース・モス・ガーデン

　苔に心を奪われて、この緑の宝石でガーデニ
ングをすることを思い立ち、そのために必要な
知識を仕入れようと決めたとき、アシュビル市
街の南、ケニルワース地区にアメリカ有数の苔
庭があると知って、驚きながらも嬉しくなった。
わたしはアシュビルで子ども時代を過ごした。
子どもの頃、地元のプールへ行って姉妹で水を
パシャパシャかけあってふざけていたが、
1950年代当時は、通りを下ったすぐそこに大
きな苔庭がひっそりと存在していることなど知
るよしもなかった。大人になってから、この庭
にどれほど大きな影響を受けるかなんて想像も
していなかった。数10年後、初めてケニルワー
ス・モス・ガーデンを訪れたとき、わたしは
苔愛好家が夢見る世界へ踏み込んだのだと確信
した。息もつけないほどの美しさと存在感を伴

上　ノースカロライナ州アシュビルのケニルワース・モス・ガ
ーデンでは、苔の上を歩くことを勧めている。苔の道は全長
2kmにも及ぶ

下　戸外では、苔のじゅうたんの上に個性的なオブジェが配置
されている

って、圧倒な緑がわたしに迫ってきた。

　ケニルワース・モス・ガーデンでは、緑が全体を包んでいる。すばらしい*Dicranum*属（和名：シッポゴケ属）や*Hypnum*属（和名：ハイゴケ属）が、エメラルドと黄水晶を散らした重厚なじゅうたんのように広がる。華麗な花が咲き誇る区画をそぞろ歩き、広大なアザレアの群生を抜けると、秘密の場所へたどり着く。どこもそれぞれに魅力ある場所だ。当初の所有者でこの庭の設計者でもあるドーン・オグデンは、緑の空間をほかの植物を引き立たせるための背景として考えた──グラフィックデザイナーが白をすべての背景と考えるように。現在では、苔は現代彫刻や東洋風のオブジェ、中世の聖像

上　ノースカロライナ州アシュビルのケニルワース・モス・ガーデンの名物は、*Dicranum*属（和名：シッポゴケ属）や*Hypnum*属（和名：ハイゴケ属）が美しく広がる、苔のじゅうたんだ
下　動物による食害防止に役立つネット。遠くからは端のほうしか見えない

の台を飾っており、その堂々とした佇まいで、遊び心と厳かさをうまく取り合わせることに成功している。

　現在のオーナーであるジョン・クラムとマット・チェンバースは、このすばらしい庭を時代の変遷から守りながらも新たな高みへと引き上げている。オグデンの設計に最大の敬意を払いつつ、あえて何も手をつけずにきた状態から脱して、ケニルワース・モス・ガーデンをアメリカ随一の苔庭へと進化させてきた。2.4ヘクタールの庭を管理するには、配慮すべきことはたくさんあるし、きつい仕事も山ほどあるが、その甲斐あって、苔の区画はどんどん広がり、苔の道もどんどん伸びている。この庭は、愛情をもって適切に管理すれば、苔庭はいつまでも存続できるということの証明なのだ。

　献身的に庭の世話をしていても、雑草ははびこるものだ。雑草の除去といううんざりするような仕事に取り組むジョンは、水で5倍に薄めたラウンドアップ（グリホサートイソプロピルアミン塩を有効成分とする除草剤）を愛用している。雑草について語るとき、彼は不動産業界の格言を引用する。一に立地、二に立地。苔のために用意された土地に入り込もうとする草や花は、彼の基準ではみな雑草だ。雑草の除去は重要で、ジョンは目障りな植物を早い段階でむしり取るよう熱意をもって取り組んでいる。

　庭には巨大なオークがあり、落ち葉や房になって落ちてくる雄花を除去するのも一仕事だ。そこでジョンは、この作業の負担を軽減するために、自然にできるネットを利用することを思いついた。オークの雄花は茶色の毛布のように苔を覆うが、春にはネットのようにしっかり絡まり合って、除去するのが容易になる。さらに、ネットに覆われた状態なら、鳥や動物に苔が食べられなくてすむ。また、強力なリーフブロワーの存在も欠かせない。「道沿いにリーフブロワーを使い続けると、苔が道のすぐ脇まで広がってくるのです。ひょっとすると、通常の2倍、いや3倍くらいの勢いで広がっているかもしれません」とジョンは言う。

　この歴史あるひっそりとした場所は、瞑想にぴったりで、訪れた人はみな穏やかな表情になる。ジョンが言うとおり、「すべてが茶色になる冬でも明るい黄緑色でいる苔は、わたしたちに禅の心を感じさせてくれるのです」。この庭を初めて訪れたとき、別世界に足を踏み入れたような心持ちがした。何度来ても、そのときと同じように気分の高まりを感じる。わたしの庭もそれなりに楽しめるけれども、ケニルワース・モス・ガーデンのような極上の苔の聖地と比べてしまうと顔色なしだ。この苔の聖地なら、わたしは何時間も歩き続けられるだろう。有り難いことに、この苔庭は毎年6月に一般公開されている。ガーデンツアーでは、訪問者に壮麗な苔庭を絶賛されたジョン・クラムが目をきらきらさせて誇らしげな笑みを浮かべている。

アメリカの粋をテーマとしたウィロー・オーク・ファームのモス・ガーデン

　アトランタ市外の歴史的な町マディソンで、わたしはベン・カーターと彼の家族のために一連の苔庭をつくる栄誉に恵まれた。そこはかつて綿花のプランテーションだった場所で、ベンは、アメリカの粋を感じさせる個性的な空間を作りたいと考えていた。苔を中心に地元の多年草も取り入れて、機能的で静かな隠れ家をコンセプトにした。この革新的な庭には、230平方メートルにもわたって苔が植えられているほか、それまでに企画された現代の苔庭園と比べても、かなり大胆な試みが随所に施されている。カーター一族の庭をすべて合わせたよりも大きな庭はほかにもあるだろうが、この規模の庭に、これほど限られた時間で苔を移植し、なおかつ長年美観を保っている例はほかにはない。

　造園は次のように進められた。最初の現場確認から1カ月とたたず、侵略的なイボタノキはすべて駆除された。その後、大きな岩と丸太のベンチを運び込み、慎重に位置を決めた。ブロック塀が用意されると、苔を植える準備は整った。しかしその夜、めったにない2月の吹雪が

ベン・カーターの庭で、メインの苔庭の入り口に配した空洞の切り株。空洞を覗き込むと、苔の小さな世界が広がる

ジョージア州を襲った。すでに苔はノースカロライナ州の山から現場へ向けて発送された後だった。わたしたち自身は悪天候を恐れていなかったし、凍結による影響も心配していなかったが、道路が通れるようになるのをひたすら待つしかなかった。苔についた氷が少し解けてきてから、わたしたちは作業を開始した。その後、まるで魔法のように、たった2日で苔を植えて庭園を完成させたのだ！あらかじめ育てておいた苔のマットをじゅうたんのように広げることで、手早く簡単に苔を植えることができた。このプロジェクトでは、苔のマットの土台に雑草を遮断する布を使った。これによって、しつこいイボタノキの問題も解決することができるだろう。

2月中旬になると、どんよりした冬景色は緑のオアシスのようになった。先に植わっていたアザレアやシャクナゲが一気に開花する頃には、苔は内側から光を発しているように見えた。そ

の数週間後には、苔庭と苔庭の間を埋めるように野生のシダや花々が移植され、彩りを添えるようになった。続いて1000本以上の多年草を植えることで、庭の景観はさらに広がった。ほかには、グレート・スモーキー・マウンテンズに自生する珍しいアザレアや、自然交配によって生まれたグレゴリー・ボールド種のシャクナゲなどのを見ることもできる。

この庭園では、一つひとつの苔庭が異なる特徴を持ち、その魅力もさまざまだ。また、すべての苔庭では苔の上を裸足で歩くことが勧められている。湿った苔の感触を味わえば、誰もが生き返ったような気持ちになるだろう。ある苔庭には、どんな王や女王にも似合いそうな、華やかな玉座がある。綿毛のように柔らかい*Dicranum*属（和名：シッポゴケ属）の苔をクッションのように載せた、空洞の切り株だ。そこは、訪問者たちが親しい会話を交わしたり、チェスをしながらくつろいだり、座ってフレッ

壮麗なる緑
苔庭園を歩く

イボタノキを取り除いて大きな石を置いた。これで、この場所に苔を植える準備ができた

シュなレモネードを飲んだりする場所になっている。大きな岩の上に腰をかけて語り合っている訪問者もいる。この苔庭を覆っているのは、*Atrichum*属（和名：タチゴケ属）、*Plagiomnium*属（和名：ツルチョウチンゴケ属）、*Rhodobryum*属（和名：カサゴケ属）、*Climacium*属（和名：コウヤノマンネングサ属）の苔のカーペットだ。

日当たりのよい山の斜面では、日光に強い色とりどりの苔が視覚的なおもしろさを生み出している。

　わたしが"苔と石のパティオ"と呼んでいるこの場所からは、大きな丸太や岩、あるいはクルミ材のベンチに座って、マスの泳ぐ池を眺めることもできる。夕方になると、川でかがり火が焚かれ、ゆらめく光を受けた苔がちらちらと

上　2月中旬の夜、めったにない吹雪に襲われるなか、ジョージア州まで苔を運んだ
苔は凍結に耐えられるので、雪の中でも作業はできると確信していた

上　2日ほどのうちに雪が解けた。苔は元気で凛々しい姿を見せている
苔のマットを広げているところ。あらかじめこの形で用意していたおかげで、作業は迅速に進んだ

輝き、不思議な雰囲気に包まれる。空洞になった丸太に近づいて中を覗き込んでみると、苔の小さな世界を観察することができる。ある隅では*Climacium*属（和名：コウヤノマンネングサ属）の苔が立ち上がり、まるで小さな木が集まったエメラルドグリーンの森のようだ。この苔はいつだって、じめじめした場所をすてきな緑に変えてくれる。春が来て、*Atrichum*属（和名：タチゴケ属）が緑色のネオンランプのように発光しながら成長する様子は、黄緑色の*Thuidium*属（和名：シノブゴケ属）との取り合わせもよく、訪問者の視線を惹きつけてやまない。緑色のニュアンスと質感の違いが、種の異なる苔の特徴を際立たせている。

　苔と石を配した石畳も、池で泳ぐマスを眺めるのに絶好の場所だ。土が崩れるの防ぎ、砂利だらけの景観を和らげるために、池の周りには*Polytrichum*属（和名：スギゴケ属）を大量に植えて補強している。干し草の俵や捨石を使うよりも、はるかに感じのよい方法だ。また、石の隙間でも育つ苔を新しい石塀や石畳に植え込めば、年月を経たような表情を演出することができる。苔の生えた建物には、永久不変の趣きが感じられる。

　散水設備を利用すれば、苔をよい状態に保てるし、どんな植物もよく茂る。雑草もよく茂ることは残念だが。初めての繁茂期には、大がかりな除草作業を何度も行わなければならないだろう。じめじめしている場所や雨水の流出路には、*Climacium*属（和名：コウヤノマンネングサ属）を植えるのが最善の解決策になる。アルマジロがふざけて苔をめちゃくちゃにした区画を修復しなければならないときもある。言うまでもなく、定期的に水やりを行い、管理を怠らず、トラブルは迅速に解決することが、長期にわたって良好な庭を維持する秘訣だ。

壮麗なる緑

苔庭園を歩く

"苔と石のパティオ"では、ベン・カーターが丸太や大きな石に腰をおろして、家族や友人たちと共にくつろぐ

苔と石の組み合わせが美しい石畳から眺めるマスの池。
周囲に植えた*Polytrichum commune*（和名：ウマスギゴケ）が、土の崩落を防いでいる

苔はどんな
植物か

近づいてみると、*Hypnum curvifolium*
（和名未定）の葉がカールしているの
がよくわかる

※ ラテン語でcurvi-は「曲がった」、
　-foliumは「葉」を意味する。
　Hypnumは「ハイゴケ属」

植物は、水分や養分を運ぶ維管束という組織の有無により、大きく2つのグループに分けられる。蘚苔類(せんたいるい)は維管束を持たない非維管束植物だ。ガーデナーはいつだって、維管束植物ばかりに目を向けがちだが、モス・ガーデニングという領域に踏み込むなら、苔がほかの植物とどのように異なっているかを知っておこう。

苔という言葉を聞くと、誰もが緑のカーペットが敷かれた光景を思い浮かべる。しかし、苔についてはおかしな誤解も多く、モス・ガーデニングを始めようとしている人たちに混乱をもたらしてきた。その最たるものは、苔に似た植物を全部ひっくるめて苔と称することだ。さらに、一般名に「苔」という言葉を含む維管束植物の存在が、こうした混乱に拍車をかけている。このせいで、苔を効果的に育てる方法を理解するのが難しくなっているのだ。

苔は本当に長い間、わたしたちの身近にあった。それにはもちろん理由がある。少しばかり植物学を学べば、モス・ガーデニングの成功につながる実践的な知識を基礎からしっかり身につけることができるだろう。本章では、さまざまな苔の特色を紹介していきたい。これらの知識は、モス・ガーデニングに取り入れる苔を選択したり、栽培方法を考えたりするのに不可欠なものだ。

苔の学名について

苔の種ごとの違いを理解し、蘚苔類がほかの植物と比べてどれほど多様かを理解することは、苔をうまく扱うための鍵となる。ひと山の苔や、1枚の苔のマットの中には、何百種から何千種もの苔が存在していると認識することも重要だ。ひとかたまりになって生えている苔のことを、苔の「群落」と呼ぶが、どうやら「苔」というただひとつの言葉で、群落全体や、蘚苔類に含まれるすべての種を指すことが当たり前になりつつあるようだ。「苔」という言葉からは、群落を作る個々の種、あるいは多岐にわたる種ではなく、同質性を連想してしまう。わたし自身、誤解を招くような言葉の使い方をしてきたことは自覚している。しかしながら、園芸家、植物学者、環境問題専門家、そして苔愛好家を名乗るのであれば、蘚苔類をひとまとめにするこのやり方を乗り越える必要がある。

幸い、苔の種を識別するのに役立つ命名法の体系が存在する。カロルス・リンナエウス（カール・フォン・リンネ）は植物の命名法（二名法または二名式命名法）を1753年に確立したとされているが、苔についての知識はあまりなかったようである。蘚苔類の世界を整備しようと考えたのはヨハン・ヘートヴィヒで、彼はそれまで知られていた蘚苔類のすべてを命名した。ルーマニアのトランシルバニア地方で生まれたヘートヴィヒは、彼の死後に出版された『Species Muscorum Frondosorum（蘚苔類の種）』（1801年刊）で知られるが、この本に収録された詳細な解説と図版からは、彼の注意深い観察力をうかがい知ることができる。また苔を科学的に探究した人物として、ドイツの植物学者、ヨハン・ヤーコプ・ディレニウスが挙げられる。彼の著した『Historia Muscorum（蘚苔類の博物学）』

この特徴的な胞子体は、苔がそのライフサイクルの中で二度目の生殖期に入っていることを示している

Hedwigia ciliata（和名：ヒジキゴケ）はヨハン・ヘートヴィヒ（Johann Hedwig）にちなんで命名された。
ヘートヴィヒは1700年代の終わり頃に蘚苔類の命名を発展させた

Atrichum undulatum

（1741年刊）には600種以上の蘚類、苔類、ヒカゲノカズラ類、藻類、地衣類、そのほかの下等植物が図と文章で解説されている。アメリカの植物学者、ジョン・バートラムは次のようにコメントしている。「ディレニウス博士に教えられるまでは、苔に特別な注意を払ったことなどはなく、牛が新しい納屋の開き戸を見るように苔を見ていたものだ」。こうした風潮の中、蘚苔類が古い時代の植物学者に見落とされ、観察や研究の対象から漏れていたとしても、驚くにはあたらないだろう。

　ガーデナーはたいてい、学名を敬遠し、一般名を使いたがる。学名は難しく感じるからだろう。しかし、一般名に頼りすぎると混乱をきたす可能性が高い。たとえば、苔は地域ごとに変化する。別の土地に住む相手と知識を共有する

ときや質問するときに、用語があいまいだったり、相手にとって馴染みのないものだったりすると、話がややこしくなる。普遍的な命名法を受け入れれば、世界中のガーデナーと有効にコミュニケーションを図れるはずだ。

　土地による違い以外にも、一般名が誤解を招くケースがある。たとえば、Leucobryum属（和名：シラガゴケ属）の話をするときはピンクッション・モスという名称を使う。この一般名は、ふつうの人にはこの苔がそのように見えることを表している。しかし、まったく異なる種の蘚苔類の中にも、ピンクッションや山の形に成長するものはある。ふわふわしたDicranum属（和名：シッポゴケ属）や小型のCeratodon属（和名：ヤノウエノアカゴケ属）の苔がそうだ。こうして誤解が生まれる。いくつかの一般名などは、蘚苔類研究者やまじめな博物学者でもなければ、意味不明に思えることだろう。たとえば、Polytrichum属（和名：スギゴケ属）の一般名はヘアキャップ・モスという。ヘアキャップとは蒴（胞子嚢）の先端にある髪の毛に似た小さな構造（帽）を指しているが、裸眼でこの小さな「毛」を見るには1.0の視力が必要だろう。

　個人的には、一般名とは、ふつうの人が特定の種を思い浮かべられるような、植物学的に際立った特徴を見せる苔に限って使うべきものだと思う。たとえば、Bartramia属（和名：タマゴケ属）は小さなグリーンアップルに似た蒴をつけるので、アップル・モスが一般名だ。もっとも、胞子体が現れていないときは、この名前も同定の役には立たない。

　あなたもたぶん、ほかの植物に対しては学名を使っているだろう。アイリス（Iris）、レンギョウ（Forsythia）、アジサイ（Hydrangea）はその例だ。あなたが苔の初心者なら、ニックネームではなく、本名で苔を呼んではどうだろうか。わたしは意を決して蘚苔類の正式名を学んできた。初めに想像していたほど手ごわい仕事ではなかった。自分で満足できるレベルに到達するまで、毎日、毎週、毎月、系統立てて苔の学名を勉強しよう。最終的には、アップル・モ

スという名前とおなじくらい簡単に、*Bartramia pomiformis*（和名：タマゴケ）という名前が出てくるようになる。難しいと思っていた単語も、口からなめらかに出てくるようになるだろう。

苔のあれこれ

非維管束植物は、藻類と蘚苔類に大別される。蘚苔類には蘚類（マゴケ植物門）と苔類（ゼニゴケ植物門）とツノゴケ類（ツノゴケ植物門）が含まれる。現在、世界全体で10,000種の蘚類、8,000種の苔類、100種のツノゴケ類が確認されている。蘚苔類全体では25,000種くらいになると推定している人もいる。蘚類、苔類、ツノゴケ類に共通する特徴として、生殖期に2つのステージがあることが挙げられるが、見た目で種を区別することも可能だ。

見てわかりやすいのはツノゴケ類だ。名前のとおり、ツノがある。しかし、蘚類や苔類に比べ、約100種類と少ないので、見つけにくいのが難点だ。ツノゴケ類は地面に密生し、緊密に編まれたような、平らな群落を形成している。ツノのように突き出しているのは生殖器官で、胞子がそこに蓄えられる。わが家の庭でも、*Anthoceros carolinianus*（和名未定）というツノゴケは簡単に見つけられる。ほかよりも濃い深緑色をしているし、もちろんツノも出ているからだ。

蘚類と苔類の違いは葉を見るとわかる。蘚類は先のとがった葉が茎にそってらせん状につく。なかには、丸い形の葉を持つものがあり、見過ごしてしまいそうになるが、ルーペで拡大してみると、葉の先に小さな毛のような突起があるのがわかる。多くの場合、葉の縁はなめらかだが、切れ込みがあったり、のこぎりの歯のようになっているものもある。一方、苔類は葉が丸く、らせん状にはつかない。大半の苔類では2枚の葉が対生し、その間に小さな3枚目の葉がつく。この配置で茎全体に葉がつき、ときには重なり合うことがある。

一部の苔類は遠くからでは地を這う蘚類と見分けがつかないことがある。だが、近寄って一つひとつの葉の形を見れば、蘚類か苔類かを見分ける手がかりになるだろう。とはいえ、*Homalia*属（和名：ヤマトヒラゴケ属）のように葉が丸く、先端がとがっていない蘚類もあり、見分けるのが困難なときもある。

蘚苔類には蘚類と苔類とツノゴケ類が含まれる。蘚類（左）は通例、葉がとがっており、苔類（中）の葉は丸い。ツノゴケ類（右）にはツノがあり、ここで胞子ができる

火事で黒焦げになった木から*Funaria*属（和名：ヒョウタンゴケ属）の胞子体が伸びる様子は壮観だ。*Funaria hygrometrica*（和名：ヒョウタンゴケ）はパイオニアプランツのひとつで、火事の後のごく早い段階で出現するが、最終的には維管束植物に押しのけられてしまう。成熟した*Funaria*属（和名：ヒョウタンゴケ属）の胞子体は深紅色になって絡まり合う

蘚苔類の出現と広がり

　蘚苔類は4億5000万年前から存在する、最初の陸上植物だ（ただし、苔に先立って藻類が水中から湿地へ進出していたともいわれている）。ほかの植物（維管束植物）のために道を覆い、現代のわたしたちが見ている緑の世界を広げていった。苔が陸上に登場して5000万年ほど経つと、シダなどの別の植物が出現した。苔がそれほど長く生きのびてきたとは驚きだ。苔は恐竜の出現と絶滅を見てきた。その後すべての気候変動を生き抜いて、生存のための特殊なメカニズムを発達させた。おそらく、構造が単純で、形も小さく、体内に化学的防御物質を持っていたために、ほかの植物のように進化する必要がなかったのだろう。それでも、長い間に交配が起こったとする科学者もいる。

　パイオニアプランツとして、苔は岩を砕いて土に変え、ほかの植物が育つ環境を整える。苔は今でも、森林のライフサイクルに不可欠な役割を果たし続けている。腐った木に生え、水分を供給して種子が発芽する場所を保護する。*Funaria hygrometrica*（和名：ヒョウタンゴケ）は森林火災で破壊された跡地に最初の植物として灰の上に立ち上がる。炭化した漆黒の森の中に、濃い緑のグラデーションが浮かび上がる様子は、ことのほか印象的だ。

　苔は維管束植物に比べて微小ではあるが、全世界の植物体系の中では大きな位置を占めている。種の数では種子植物が最多だが、15,000〜25,000種ある苔も2番目に大きなグループだ。苔は、あらゆる大陸のあらゆる環境に適応している。青々とした熱帯雨林でも、乾ききった砂漠でも、ほかの植物が住まない極寒の地でも。苔の生息地は山から海にわたっている。わたしの住むノースカロライナ州西部の森では、1年を通じて450種以上の苔が繁茂している。苔はわたしたちの周りのあらゆる場所で生きている

し、庭に取り入れれば、そこでも生き続ける。

　苔に国境はない。あなたの庭で育っている苔は、アメリカのほかの土地でも、あるいは別の大陸にある似たような環境の土地でも見つかるだろう。北アメリカ東部に生息する苔の多くは、ヨーロッパやアジアでも見られる。蘚苔類学者のハワード・クラムとルイス・アンダーソンは、苔がどのように広がってきたのかを調べている。彼らによると、アーカンソー州オザーク山地で見られる苔の種のうち約90パーセントが北アメリカ大陸の別の場所でも見られ、約70パーセントはヨーロッパにも生息している。フロリダ半島で生息する種が熱帯地方の低地で見つかっている。ニューヨーク州、ニューイングランド州、バージニア州、テネシー州、ノースカロライナ州に生息する苔はヨーロッパの低山帯の苔植物相とほぼ一致する。

　苔はいろいろな場所に息づいている。土の上で、あるいは岩や腐った木や樹皮に付着して、また、あるものは木に着生して枝から垂れ下がっている。ごく少数ではあるが、水生の（水の中で生活する）苔もいる。苔は極地でも、高山帯でも、熱帯地方でも生育する。砂漠でも、苔は水分が補給されるまで代謝を休止させて乾季に適応する。もちろん、すべての苔が生活圏を僻地に限っているわけではない。商業地区の歩道の割れ目など、主に都市部で生きている苔もある。

　Ceratodon purpureus（和名：ヤノウエノアカゴケ）は小型のビロードのような苔で、地球上のどこにでも生息する。わたしが20世紀初頭の古民家の焼けたトタン屋根から*Ceratodon purpureus*（和名：ヤノウエノアカゴケ）を救出したある日のこと、大学の先生がインターネットフォーラムで、その苔は彼女が南極を調査したときに撮った写真の苔と同じものだとコメントしてきた。この苔がブルーリッジ山脈のほどよい気候の中でのみ生息するのではなく、南極の厳しい環境の中でも生きていることに驚いた。

自然の中で、苔が木の根元を取り巻いている。さて、こうなったのは、母なる自然のなせるわざ？それとも苔大好きアニーのしわざ？

アトランタのジョージア工科大学のキャンパスで、木の根元を四角に囲った中に苔が侵入している。都市の緑化に、こんなたくましい苔を木と一緒に植えてはどうだろう

都市部では、歩道の割れ目や駐車場の端に小型の苔が出現する。写真は*Entodon*属（和名：ツヤゴケ属）や*Ceratodon*属（和名：ヤノウエノアカゴケ属）で、地元のゴミ処理場の縁石に生えていたもの

苔と維管束植物の違い

苔もほかの植物と同様、光合成を通じてみずからに食物を供給するため、日光と二酸化炭素と無機栄養素と水分を必要とする。こうした基本的な共通点のほかに、苔にはいくつかの特徴がある。ひとつには、ふつうの維管束植物に備わる内部構造や外部器官に頼らずとも生きのびることができる（そればかりか、あらゆる気象条件や地理環境の下で繁殖する）という点だ。蘚苔類はリグニン（セルロースとともに、木質細胞壁の主成分となる）を持たないが、養分の輸送を受け持つ細胞は存在する（そのため、完全なる非維管束植物ではない）。苔の特徴はおおまかに、独特な形状の葉、根の代わりに仮根、花と種子の代わりに胞子体を持つことだ。

苔と維管束植物を隔てる特徴は肉眼で観察できるが、細かい特徴を詳しく観察するには、倍率10倍のルーペを使おう。

葉から水分・養分を吸収する

苔の葉にはクチクラがないか、あってもごくわずかだ。クチクラは蝋を主成分とし、植物の葉を覆う物質である。シャクナゲの葉を思い浮かべてみよう。つやつやした表面は蝋質のクチクラだ。苔の場合、クチクラが発達していない

苔の細部をよく見るためには、10倍のルーペが役に立つ

（あるいは*Polytrichum*属（和名：スギゴケ属）のように、クチクラがごく薄い）ので、雨や霧、露から水分を取り入れることができる。苔の葉は、水分と一緒に、ちりなどの微粒子からも養分を直接吸収できる。養分は水と一緒に毛細管の中を移動する。

薄い表皮と小さい葉

苔は水を吸収するが、それはクチクラがないことに加え、大半の苔の葉が細胞1つ分の厚さしかないことによる。つまり、苔はほかの植物よりすばやく水分で満たされる。このくらい薄いと、葉は半透明か透けたように見える。例外もあって、*Leucobryum*属（和名：シラガゴケ属）の葉は複数の層からなっている。*Leucobryum*属（和名：シラガゴケ属）の群落が水分を失うと最上層の細胞が不透明になり、白っぽい外観を呈する。これは、水やり時期を見るよい指標になる。

苔の葉には葉柄がなく、茎に直接ついている。個々の葉はとても小さく、全長0.5〜3ミリ程度で、中心には葉脈（主脈）が走っている。葉がとても小さいので、モス・ガーデニングを始めたばかりの人は、群落の中の1本1本の苔を1枚の葉と勘違いしがちだが、実際にはその1本に、たくさんの小さな葉がついているのだ。

仮根と根の違い

蘚苔類には根がない。苔の群落の下を見ると、仮根と呼ばれる、根に似た繊維状の構造がたくさんあるのがわかる。ほかの植物の根と同じように、仮根も苔を何かの表面に付着させる役割を果たしている。岩や土、コンクリートの微小な隙間に入り込むこともできれば、垂直に立った表面に付着することもできるのだ。仮根は繊細に見えるが、強い風にも大量の雨にも耐えて、苔をその場に固定する。ほかの植物の根と違って、仮根は養分を運ばない。苔は維管束を持たないからだ。しかし、仮根は絡まり合って網を形成し、毛管現象によって水を吸い上げ、水分保持の一助となっている。

左　ある種の苔は湿っているときと乾燥しているときとで外観が劇的に異なり、識別することが難しくなる。*Hedwigia ciliata*（和名：ヒジキゴケ）はそうした変化の大きい種だ
右　胞子体は苔の花といってよいだろう。蒴には種子の代わりに胞子が入っている

花は咲かず、種子もできない

　苔は生殖のために花を咲かせることはないので、種子もできない。その代わり、胞子体と配偶体という2つのステージを交互に繰り返しながら増えていく。苔にとって、花に相当する器官が胞子体だ。胞子体の蒴に入った胞子は、種子と同じ働きをする。胞子体は鮮やかな色と際立った美しさを見せ、花と比べても見劣りしない。胞子が蒴の中で成熟すると、雨や風に乗って新しい場所へ拡散していく。胞子体になる前に、苔の中で何が起きているかを知ったら、びっくりするかも。ヒント：英語で、sで始まり、xで終わる言葉……

凍結、捕食、病気への抵抗

　自前の不凍剤を持っている植物なんてあるのだろうか？じつは苔がまさにそうなのだ。苔は体内に耐寒物質を持っている。初めて地球上に登場した数百万年前、苔たちは生き延びるために、体内で生化学物質（フェノール性化合物）を生じさせた。この物質によって、苔は氷点下の温度に耐えることもできれば、暑さや乾燥などの悪環境下では休眠に入ることもできる。また、フェノール性化合物は味が悪いので、動物や昆虫を退けることができるほか、病気の予防にも役立っている。

上　一年を通じて緑であることは、冬で
も美観が損なわれないことを意味する。
雪が解けて、苔が再び緑を見せている

下　細胞1つ分の厚さの葉は半透明だ。
Rhodobryum ontariense（和名：カサ
ゴケモドキ）はその一例

群落を作って生活する

　苔は群落を形成し、共同で社会生活を営む。苔同士が緊密に集まるのは、水分を保持する手段のひとつでもある。苔の群落は必ずしも1種類の苔だけでできているのではない。いろいろな種が混じり合い、仲良く共同生活をしている群落もある。上に向かって成長する苔は直立性、地面（あるいは生息環境の表面）を這うように横に成長する苔は匍匐性（ほふくせい）だ。直立性の苔が成長すると、群落の厚みが増し、匍匐性の苔は外に広がるように成長する。

　ある種の苔はほかの苔を押しのけて成長するので、あなたのお気に入りの苔が脅かされることもあるかもしれない。この教訓はわたしが直接体験して得たものだ。ある年の冬、*Ceratodon*属（和名：ヤノウエノアカゴケ属）と*Leucobryum*属（和名：シラガゴケ属）をすてきな渦巻き模様に植えた。ところが、2カ月経って、雪が解けた後に現れたのは、わたしの創造物を侵略した*Thuidium*属（和名：シノブゴケ属）だった。もとのデザインが損なわれてしまってがっかりしたものだ。その後、には*Atrichum*属（和名：タチゴケ属）までもが侵入してきた。デザインが変わらないように維持したいなら、あらかじめ取り除いておくべき苔があることを覚えておこう。

苔の特徴、総ざらい！

* 蘚類は苔類とツノゴケ類とともに地球上最初の陸生植物として名を馳せてきた。蘚苔類に分類される植物は4億5000万年前に出現したとされる
* わずかでも水分がある限り、どんな気候でも苔は生きのびる
* 苔はどのような環境でも育つ。条件のよい土地や、ガーデナーの手によって繁殖しやすい条件が整えられた土地ではとりわけよく育つ
* 苔の葉はクチクラをほとんど持たず、細胞1つ分の厚さしかないので、水分をすばやく吸収する。水と一緒に、ちりなどの微粒子から養分を直接取り入れてもいる
* 仮根は苔を定位置に固着させる役割を持つが、維管束植物の根のように植物体に栄養を運んだりはしない
* 苔には花が咲かず、種子もできない代わりに、拡散させた胞子から個体を増やす。苔の断片や無性芽から、無性生殖によって増えることもある
* 苔は体内に不凍剤を持っているので、寒さに強く、冬の間も成長を続けたり、胞子体を生じたりする
* 苔は体内に生化学物質（フェノール性化合物）を持っているので、病気にかかりにくく、虫や草食動物の餌食にならない
* 苔は生存のために水分を必要とする。生殖の過程でも水は不可欠だ
* 植物体（配偶体）と生殖器官（胞子体）は別物に見えるが、苔はこの2つのステージを交互に繰り返している

蘚苔類の基本
苔はどんな植物か

上から下　この巨大な*Dicranum scoparium*（和名：カモジゴケ）の群落は高速道路用地から救出したもの。苔を載せている皿の直径は約60センチ

匍匐性の苔の仮根は横方向に伸び、見かけは繊細だが、強風に負けず苔をしっかりその場に固定する

直立性の苔はまっすぐ上に伸びる。*Atrichum angustatum*（和名未定）が交差しながら成長している様子を見ていただきたい

苔の生殖：
苔のライフサイクル

苔は維管束植物とは違った生殖方法をとる。モス・ガーデニングではこの生殖サイクルとうまくつき合うことが必須だが、なかなか複雑でもある。たいていの人は、花から種子ができ、種子から新しい植物が育つという概念を持っているが、苔には花が咲かないし、種子もできない。では一体、苔はどうやって増えるのだろう。

苔の増え方は3通りある。胞子で増えるか、苔の断片から増える（無性生殖）か、無性芽から増える（無性生殖のもうひとつの様式）か。苔の断片と無性芽は水の助けを借りて狭い範囲で拡散する。胞子は重さがないので、容易に風で運ばれ、ときには長距離を移動する。昆虫や鳥や動物が植物体断片や無性芽を遠くまで運ぶこともある。わたしの友人で蘚苔類学者のジャニスは、ペットのカメが苔の断片を庭中に広げていると話している。

胞子の拡散（有性生殖）

苔は生活環の中で2つのステージを交互に繰り返しながら個体を増やす。第1ステージは配偶体（緑色の植物体。信じられないかもしれないが、生殖器がある）で、第2ステージは胞子体（胞子を産生する）だ。第1ステージでは、植物体（配偶体）が卵細胞と精子を作る。受精後、蒴（胞子囊）の内部で胞子が成熟し、胞子体の第2ステージへと移行する。植物学者が関心を持つのは、配偶体（植物体）のステージでは1セットの染色体しか持たない（単相）のに、胞子体のステージではX染色体とY染色体を持つ（複相）点だ。

実は、苔には性別がある。雄性生殖器（顕微鏡で見える大きさ）は造精器といい、精子を放出する。精子は湿った苔の表面を泳いで、造卵器とよばれる雌性生殖器（これも顕微鏡で見える大きさ。卵細胞が1つ収まっている）にたどり着こうとする。18世紀の植物学者、ヨハン・ヘートヴィヒは蘚苔類に学名を与えたほか、ミ

クロのサイズの生殖器官を発見したことでも知られている。彼が生殖器官を発見するまでは、別の方法で苔は増えると考えられていた。蘚苔類の研究におけるこの重要な科学上の発見は、ヘートヴィヒの鋭い観察力と顕微鏡の発達によるところが大きい。

直立性の苔では通例、植物体のてっぺんから胞子体が生じる。匍匐性の苔では、主茎または分枝から胞子体が伸びる。匍匐性の苔の場合、分枝ごとに5個の生殖器床があるが、直立性の苔では1本につき5個だ。個体を増やす過程では水が欠かせない。精子の鞭毛は、水をかいて卵細胞に向かって前進するからだ。

第2ステージでは、受精卵から胞子体が形成され、蒴柄（さくへい）と呼ばれる茎に似た構造が伸び始める。蒴柄は種によって0.8ミリに満たない短いものから、10センチに達する長いものまである。蘚類の蒴柄と蒴は目を引く色彩を放ち、銅色、黄金色、鮮紅色、オレンジ色、黄色が緑色を背景にパレードをしているようだ。ある種の蘚類では、胞子体の期間が数カ月に及ぶことがある。この期間がとくに長いのが*Polytrichum commune*（和名：ウマスギゴケ）だ。最短でも6カ月は続き、その間に胞子体はさまざまに変化する。最初に蒴柄がぐんぐん伸び、色がはじけて、最後に蒴が褐色になってしなびる。一方、苔類のほうにはそれほど見るべきものはない。透明ないしは白っぽい胞子体が2日間ほど出現するくらいだ。例外は*Marchantia*属（和名：ゼニゴケ属）で、胞子体の期間は数ヵ月にも及ぶほか、見た目もほかの種とは違っている。

匍匐性の苔では複数の胞子体が異なる分枝から出るが、直立性の苔では通常、てっぺんから1本だけ伸びる。1カ所から複数の胞子体が出る苔もあり、（*Climacium*属（和名：コウヤノマンネングサ属）、*Rhodobryum*属（和名：カサゴケ属）など）がこれにあたる。胞子体が出始めたら、いろいろな角度から見てみよう。手で軽く苔の群落に触れてみると、胞子体がつんつんと突き出しているのが感じられるだろう。苔庭を見てすばらしく報われた気分になるのは、

雨滴が胞子体を包み、太陽が苔をきらきら照らしているのを見たときだ。花で満たされた庭に匹敵する美しさに心が奪われるだろう。

　もっとよく見たいときにはルーペの出番だ。遠慮することはない。覗き魔になろう（こと、苔に関しては、わたしは覗き魔アニーだ）。そっと近づいて胞子体を覗いてみよう。胞子体のステージでは、どの苔も特徴のある蒴をつける。若い胞子体は植物体のてっぺんにまっすぐに立つ。*Diphyscium*属（和名：イクビゴケ属）のように、植物体の基部に蒴をつける苔もある。群落を形成している配偶体（植物体）の中に、胞子体が隠れていることもある。群落の奥深くに*Hedwigia*属（和名：ヒジキゴケ属）の胞子体を初めて見つけた瞬間のことを、わたしは決して忘れないだろう。草むしりをすると、細部を近くで観察できるので一石二鳥だ。

　胞子が蒴の内部で成熟すると、蒴は膨らんで独特の形状になる——円柱形のもの、球形のも

の、アーモンド形の蒴が下を向いているものなど。胞子体、そして蒴の形や長さを観察すると、苔の種を正しく見分ける役に立つだろう。造卵器内の卵細胞を保護していた覆いは、受精後に広がって帽（わたしには修道女のベールが飛んでいるように見える）になり、最終的には胞子体から飛ばされて、膨張した蒴があらわになる。蒴蓋（さくがい）は先のとがったシルクハットのような形で、蒴の先端（口と歯）を覆う。蒴蓋が落ちると、胞子が放出される。蒴の先端は丸く開口するのが通例だが、*Andreaea*属（和名：クロゴケ属）のように裂け目になっているものもある。口の周りには小さな蒴歯が並び、胞子を蒴から押し出して、新しい場所へ移動させる働きをしている。いくつかの苔には8本、または16本の蒴歯があり、湿度の変化に応じて開閉するが、匍匐性の苔の中には32本の蒴歯を持つものも珍しくない（まるで人間のようだ）。

次ページ　*Climacium*属（和名：コウヤノマンネングサ属）などの直立性の苔は通例、てっぺんから胞子体が伸びる

胞子体は、蘚苔類の生殖サイクルの第2段階だ

蘚苔類の基本

苔はどんな植物か

84

胞子体が出現すると、苔はいっそう美しく
見える。種ごとに異なる時期に、それぞれ
個性的な胞子体を目にすることができる

前ページ
写真は*Marchantia*属（和名：ゼニゴケ属）
の雌株の雌器托（雌の繁殖体）で、ヤシの
木を思わせる。雄株の雄器托（雄の繁殖体）
は成熟すると雨傘を開いたようになる

　蒴が大きくなるにつれて、減数分裂（細胞分
裂するときに、分裂後の細胞の染色体の数が半
分に減ること）が起き、胞子の生成を促進する。
1つの蒴の中の胞子の数はまちまちだ。
*Dawsonia*属（和名：ネジクチスギゴケ属）が
最多で、1つの蒴の中に8000万の胞子を持つ。
第2位は、大きく差をつけられて100万の胞子
を持つ*Polytrichum*属（和名：スギゴケ属）だが、
北アメリカでは第1位だ。この圧倒されるよう
な数字についてちょっと考えてみよう。米粒よ
り小さな蒴にこれだけの胞子が入っていること
から、胞子のサイズがごく小さいことがわかる。

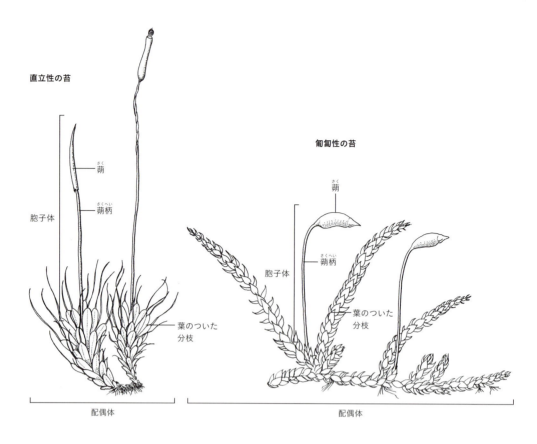

直立性の苔

さく
蒴

さくへい
蒴柄

胞子体

葉のついた
分枝

配偶体

匍匐性の苔

さく
蒴

さくへい
蒴柄

胞子体

葉のついた
分枝

配偶体

直立性の苔と匍匐性の苔の基本構造の違い

胞子が成熟して拡散できる状態になると、自然の力——主として風と雨——によって方々へ分散する。ミツバチやいたずら好きのリスがやってきて、胞子体を割ることもある。胞子体の先にそっと触れたら、周囲にほんわりと胞子の雲が広がるだろう。通常は、胞子体が乾燥すると、胞子が放出される。湿度によって、胞子は一度にどっと拡散することもあれば、少量ずつ放出されることもある。塩を小瓶から振り出すようにぱらぱらと胞子を放出する苔もあれば、爆発のような強さで拡散するものもある。胞子体が破裂するときの勢いは、ときとしてすさまじい。Sphagnum属（和名：ミズゴケ属）では、胞子を拡散する過程で流体にできるドーナツ状の渦であるボルテックス・リングが発生する。

胞子は時速100キロのスピードで拡散する。

Entodon属（和名：ツヤゴケ属）を救出しようと屋根に登ったときに、胞子と出会ったのは大切な思い出だ。カロライナの青空に午後の暖かい日が射し、かすかなそよ風の吹く、すばらしい秋の日のことだった。わたしは高いところへ上がる恐怖心と闘いながら、こわごわ梯子の最上段に登り、細心の注意を払って屋根の上を歩いた。絶景を楽しんでいると、Entodon seductrix（和名未定）の胞子体が屋根の一部をびっしり覆っているのを見つけて興奮した。7平方メートル弱はあっただろう。足元が不確かだったので、苔を運ぶためのそりを引きずりながら、しゃがんだままで近づいていった。最初の群落を移動させようとして手を触れたとき、

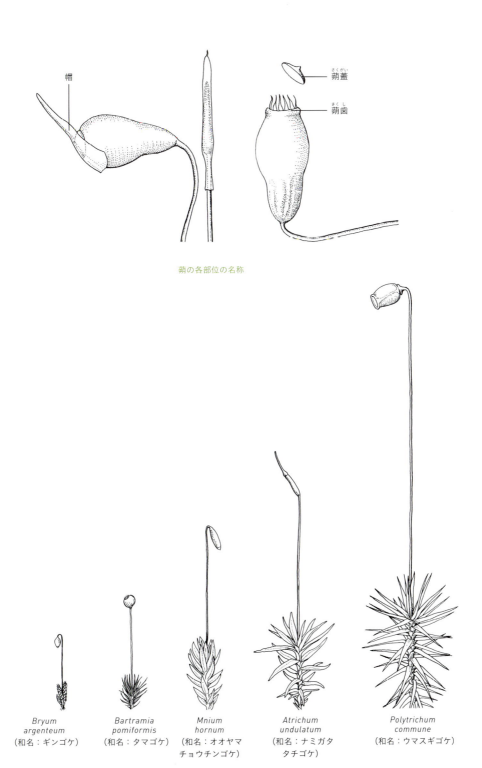

帽

<ruby>蒴蓋<rt>さくがい</rt></ruby>

<ruby>蒴歯<rt>さくし</rt></ruby>

蒴の各部位の名称

*Bryum
argenteum*
（和名：ギンゴケ）

*Bartramia
pomiformis*
（和名：タマゴケ）

*Mnium
hornum*
（和名：オオヤマ
チョウチンゴケ）

*Atrichum
undulatum*
（和名：ナミガタ
タチゴケ）

*Polytrichum
commune*
（和名：ウマスギゴケ）

各種の苔の蒴柄の長さと蒴の形を比較

黄色いもやが立った。嬉しさのあまりキャーキャー騒いで、下にいる助手をびっくりさせてしまった。胞子体にそっと触れるたびに、黄金色の雲がむくむくと立ち上った。そのきらきらとした眺めに目を見張りながら、わたしは自分のことを不思議の国のアニーだと思った。苔の胞子の魔法にかかって、ルイス・キャロルの物語の中でキノコを食べたアリスのように大きくなってしまわないだろうか？幸いそんな副作用はなかったけれど、わたしの想像力が巨大になってしまったのは、やはり魔法のせい？

多くの苔では1年に1度、胞子体のドラマが展開するが、その継続期間は気候に左右される。胞子体の寿命は数日、数週間、数カ月、1年以上と幅がある。苔はほかの植物と違って、繁殖のシーズンがあるわけではないので、春、夏、秋、そして冬でも群落に胞子体は生じる。すべての苔が同じ時間枠で生殖活動を行うと思ってはいけない。同種の苔の群落が近接して同じ環境下に置かれていたとしても、片方は第1ステージ（配偶体）で、もう片方は第2ステージ（胞子体）だということはままある。生殖は1年に1度起きるのがふつうだが、1年に数回、胞子体が出現する種もある。

胞子が生存に適した場所に着地すれば、そこから新しい個体が成長する。胞子が発芽すると、まず原糸体ができ、繊維のように絡まり合って緑色のマットを形成する。この一つひとつが、茎や葉を持つ植物体へと成長するのだ。個々の植物体は、やがて群落を形成する。群落の中には、ほかの蘚苔類やシダ、菌類、維管束植物が含まれることもある。群落には、造精器と造卵器が備わっている。造精器と造卵器は同一個体上に生じることもあれば（雌雄同体の場合）、近くにある別々の個体上に生じる場合もある（雌雄異株の場合）。雄株と雌株に分かれているのは原始的なタイプだ。一方、雌雄同体の苔には倍数性（複数の染色体セットを持つこと）が見られ、交配の産物であることがわかる。遺伝子研究により、交配の結果、新種の苔や矮雄（極端に雌より小さい雄。蘚類のフクラゴケなどで、

配偶体に雌雄の別があり、雄株が雌株の上に着生して生育する例が知られている）が生じたことが判明している。

水分のある状態で、造精器でつくられた精子は造卵器でつくられた卵細胞まで泳いでいって受精する。こうして生殖の第1ステージがふたたび始まるわけだ。あなたの庭のまっさらな一画に新たに苔を植えて繁茂させるとしたら、胞子を撒くのはどれほど有効な方法だろうか。おそらく、苔を導入するには最も困難な方法だろう。わたしはこの方法を試したことはなく、研究報告にもはかばかしい回答を見出せていない。わたしが観察したところ、*Polytrichum*属（和名：スギゴケ属）は胞子で増やせる。この丈夫な苔は、期せずしてわたしの庭に現れた。意図して植えた場所ではなかったし、元の群落があったと思われる場所からも離れていたので、無性生殖で増えたとは思えない。

胞子体のステージの後で、生殖器官を支えていた植物体は休眠するか、枯れる。緑色はあせ、褐色あるいは煉瓦色を帯びてくる。でも、心配無用だ。ライフサイクルの一部なのだから。数週間もすれば、濃い緑の芽が群落のあちこちから現れる。新芽は側枝や主茎の先端から生じる。苔のライフサイクルの一部として変化を認識することは重要だ。どの季節にもさまざまな成長の段階が見られることに喜びを見出してほしい。

植物片からの増殖（無性生殖）

群落から苔を切り離して粉にするか細かく切り刻んで、庭全体に散らすと、苔を増やせるだろうか。苔は小さくても強い植物なので、この方法で増やせる。苔の断片は風や水によって、また鳥やほかの動物によって運ばれ、そこで新しい個体に成長する。基部から成長するので、どの面を下にして着地してもかまわない。*Leucobryum*属（和名：シラガゴケ属）の苔は、すべての面が成長して丸くなる（わたしはこれをモス・クッキーと呼んでいる）。アイルランドの泥炭原野一帯には、大きな苔ボールが転がっていると聞いたこともある。

無性生殖の間、*Leucobryum glaucum*（和名：シロシラガゴケ）の群落から白い葉先が出ている。

　断片からの増殖は栄養生殖の一形態で、クローン生成といってもよく、苔が生きのびる手段でもあり、苔の起源をたどる手がかりにもなる。苔には新しい個体を生むためにちぎれやすくなっている部位が存在し、動物が介入したり、自然に崩れたりすることで断片化が起こる。断片化は生存のための極めて優れたシステムだ。このおかげで、ガーデナーは苔のエリアを広げることができるし、地面を荒らす動物のせいで痛めつけられた苔を修復することもできる。苔はほかの植物、とくに芝に比べて成長が遅い傾向があるが、断片を利用すれば、より早く成果を出せるだろう。

無性芽による増殖（無性生殖）

　苔の増え方は既述の2通りだけではない。苔は有性生殖と無性生殖で増え、無性生殖（栄養生殖とほぼ同義）には植物片によるものと無性芽によるものがある。無性芽による増殖は、植物学的に見ると若干複雑だ。まず、茎または葉に小さなカップ状の組織が生じる。たいていは顕微鏡を使わないと見えない、このとても小さなカップの中に「ｇｅｍｍａ（複数形はｇｅｍｍａｅ）」と呼ばれる無性芽が詰まっている。これはラテン語の「宝石（gem）」から派生した言葉だ。無性芽は単細胞のものもあれば、多細胞のものもあり、親植物から分かれて新しい個体を形成する。無性芽のカップ自体はほとんどの苔にできるものの、そこから新たな個体を生じさせるためには、やはり水の存在が欠かせない。雨がカップの上に落ちてきて初めて、無性芽が弾き飛ばされ、拡散するというわけだ。

Hypnum imponens（和名未定）と*Thuidium delicatulum*（和名：コバノエゾシノブゴケ）が繁茂して、黄金色のグラデーションを見せている

生態系を保護するために

　雲母できらきら輝く岩と、柔らかいビロードのような苔で、妖精のための庭をつくった子どもの頃の思い出を抱き続け、世界旅行の間に見てきたすばらしい庭の景観を心に刻みつつ、ロバート・バレンタインはノースカロライナ州の研究機関であるサザン・ハイランズ・リザーブの庭に植わっている地元の植物を引き立たせるために、広い範囲にわたって苔を植えたいと考えた。この48ヘクタールに及ぶ私有保留地は、ブルーリッジ断崖（ピードモントの平地や丘陵地に接する山々と切り立った崖の総称）に連なるノースカロライナ州のトクサウェイ山頂にあり、教育と保存と研究を通じて価値ある生態系を保護するために提供されている。

　海抜400メートルの高さにあるこの庭には強風——ときには風速35メートルにもなる——が吹きつける。この強風は樹木や低木の成長を阻むが、十分な雨量と高地による霧がもたらされるので、苔の成長にとってはプラスの環境だ。設計家、地元の芸術家、コンサルタント、スタッフが一丸となってロバートと彼の妻、ベティーを支援し、2人は20年来の夢を実現した。ロバートはアトランタの敏腕ビジネスマン（アトランタ商工会議所の生涯功労賞の2013年受賞者）であり、環境保護活動家（サウスイースタン園芸協会の創始者で、TEDxで講演者も行っている）でもある。彼はただくつろいで、天国のような山の眺めを楽しんでいるわけではない。むしろ、この印象的なリザーブの造成と維持活動に時間を費やすことを楽しんでいる。ほかのモス・ガーデナーと同じく、草むしりとごみ拾いを日常の仕事と考えている。

　ロバートが苔を植えようと地道な努力をしていると、地元の人たちが*Hypnum*属（和名：ハイゴケ属）や*Thuidium*属（和名：シノブゴケ属）の苔を周囲から集めてきて、乗り入れ道路沿いや研究室本部の付近など目立つ場所に植え替える作業を手伝ってくれた。苔の群落を密集させて移植し、巨大なカーペットを造り上げる作業にはロバート自身も加わった。群落の縁を押さえるためには小枝を用いたという。今では、寄せ植えした苔は完全に密着し、繊細な野草や珍しいアザレアを引き立てている。シダのような姿のこれらの苔は、ある時期には緑色、別の時期には黄金色になる。ロバートのお気に入りといえば、*Polytrichum*属（和名：スギゴケ属）で、とくに胞子体のてっぺんにある「修道女のベールが飛んでいるような」帽が好きだという。

　ロバート・バレンタインはたいていの人より多くの土地を持っているが、彼の気持ちはわたしたちのようなモス・ガーデナーと変わらない。子どもの頃から苔が持つ静謐さに魅せられ、苔を求めてアメリカ、ヨーロッパ、東アジアへ旅をするまでになった。これらの旅を通じて苔への愛情は深まり、やがてロバートはサザン・ハイランズ・リザーブの庭園設計を決断した。彼はこう語っている。「苔が持つすばらしい質感、色、形をひとつにまとめるのはおもしろいよ」。苔には心の健康を回復するパワーがあることに気づいたロバートは、こうも言う。「もっとたくさんの苔を植えておけばよかった。それも、もっと早くに」。

Hypnum imponens（和名未定）と*Thuidium delicatulum*（和名：コバノエゾシノブゴケ）が繁茂して、黄金色のグラデーションを見せている

右　*Marchantia polymorpha*（和名：ゼニゴケ）に生じた
カップ状の組織。この中で無性芽が形成される。一部の無
性芽はすでに飛び出している

左　*Polytrichum formosum*（和名：オオスギゴケ）の雄
株の雄器。ここから無性芽が出る

苔のニセモノ

苔と呼ばれる植物を集めると、偽物の苔と本物の苔（蘚苔類）の区別がつきにくいときがある。一般名を「〜〜ゴケ」「〜〜モス」という植物を買ったとしても、本物の蘚苔類ではないことがある。たとえば、種苗店やホームセンターで売られているアイルランドゴケ（アイリッシュモス）は *Sagina* 属（和名：ツメクサ属）の顕花植物だ。ヒント：「〜〜ゴケ」「〜〜モス」がポットに入っていて、根があり、花が咲いているなら、それは維管束植物であって、本物の苔ではない。

多くの維管束植物、地衣類、ヒカゲノカズラ、そして藻類にまで、「〜〜ゴケ」「〜〜モス」という名前がついているので、ガーデナーが混乱してしまうのも無理はない。繰り返すが、間違いを避けるには学名を覚えるべきだ。植物を誤解したままだと、庭で思ったような結果が得られずに不満を抱えることになる。がっかりしないためにも、苔の偽物についての知識を持っておこう。

地衣類

Cladonia rangiferina（和名：ハナゴケ、英名：トナカイゴケ）は生来、明るい灰色ないし白っぽい緑色だ。分枝が絡み合って小山のように盛り上がり、テニスボールからバスケットボールくらいの大きさになる。暑いところでも寒いところでも同様に育つ。極寒にも耐えられるので、高山のツンドラ地帯でも見られる。英名をトナカイゴケというのは、トナカイやカリブーが寒冷な気候に耐える手段としてこの地衣類を食べるからだ。*Cladonia* 属（和名：ハナゴケ属）は暖かい気候（フロリダなど）でも生きられ、ノースカロライナ州やサウスカロライナ州でも数キロメートルにわたって道端に生えている。

上　英名をトナカイゴケという *Cladonia rangiferina*（和名：ハナゴケ）は、実は地衣類だ
下　*Cladonia cristatella*（和名未定）は先端が鮮やかな赤色だ。米国ではイギリスの兵隊（British soldier）と呼ばれ、英国ではマッチ棒（matchstick）と呼ばれる

左　英名をスパニッシュモスというこの植物は苔、ではなくサルオガセモドキ（パイナップル科ハナアナナス属の顕花植物）だ
右　園芸店でポットに入って売られているアイリッシュモス（アイルランドゴケ）に騙されてはいけない。維管束植物で根があり、花も種子もつける

一部の*Cladonia*属（和名：ハナゴケ属）は、英国生物多様性行動計画（*United Kingdom Biodiversity Action Plan*）で指摘されているとおり、世界中で乱獲され続け、絶滅の危機にある。米国では、大量のトナカイゴケがフラワーショップで売られている。中には明るい黄緑色に染められ、スポンジ風の質感を維持するために添加物が加えられているものまである。インテリアデザイナーや花の愛好家は、自慢げにこうしたトナカイゴケを飾っている。インテリア用の地衣類はうまく保存されてはいるが、ふたたび植物として生き返ることはない。あなたがこうした製品を買うとしたら、生息地の環境破壊や、違法な収穫に手を貸していることになる。

苔庭で地衣類を装飾素材として使いたいなら、丘の斜面の日当たりのよい場所に植えるとよい。トナカイゴケを移植するときはもとの土壌も一緒に移すことが重要だ。地衣類は多少の湿気を好むが、乾燥しきった状態でも元気な姿を見せる。

維管束植物

Tillandsia usneoides（和名：サルオガセモドキ、英名：スパニッシュモス）はサザンライブオークやヌマスギをはじめ、さまざまな木の枝から優美に垂れ下がる。米国南部では馴染みの光景だ。枝から垂れた白っぽい糸のような植物は木にダメージを与えるわけではないが、木の成長をわずかに遅らせはする。スパニッシュモスは苔ではない。さらに言えば、スペインでは自生しておらず、温室でのみ育っている。驚いたことに、スパニッシュモスはパイナップル科の顕花植物で、パイナップルの親戚なのだ。庭園デザイナーはしばしば夜にスポットライト

を当てて、樹齢100年を超える木々を美しく飾るスパニッシュモスの役どころを強調する。園芸家や工芸家はスパニッシュモスを詰め物や枯れた味わいのある装飾素材として利用する。苔にノミ（スナノミ）がつくと言う人がいるが、たいていの場合、その苔はスパニッシュモスのことを指している。

　Sagina subulata（和名未定、英名：アイリッシュモス。以下、ツメクサの名を持つものをすべてひっくるめてサギナという）はヨーロッパを原産とする維管束植物で、根があり、花も種子もつけるが、苔だと思っている人が本当にたくさんいる。*Dicranum scoparium*（和名：カモジゴケ）にそっくりだが、本物の苔のようには成長しない。寒冷地では、多年草であるアイリッシュモスは冬に枯れてしまうが、苔なら寒さに耐えられる。ナーセリーで栽培されたアイリッシュモスは、園芸店や種苗店で販売される。多くのガーデナーは、ポットに植えられたアイリッシュモスを大型ホームセンターで買って、がっかりする。苔のようには育たないからだ。サギナと混同されるせいで、苔はいわれのない非難を浴びている。

　Phlox subulata（和名：シバザクラ、英名：モスフロックス／モスピンク）はロックガーデンの熱烈なファンが好んで使う。わが家の庭でも春先にカラフルな花がたくさん咲く。祖母の庭にあった岩の壁がピンクや白やマゼンタのモスフロックスの帽子をかぶっていたのを思い出すと気持ちが和む。グランドカバーにも適している。夏の間は花が咲かないので、苔のように緑一色になる。そうそう、モスフロックスといえば、はっきり思い出せることがもうひとつある。モスフロックスに座るとおしりがチクチクするのだ。この点では苔の魅力にかなわない。

藻類

　Aegagropila linnaei（和名：マリモ、英名：レークゴブリン／モスボール）は苔ではなく繊維状の緑藻の一種だ。ビロードのような緑藻のボールは、日本、アイスランド、スコットラン

ド、エストニアなど、北半球の国々の湖に生息する。アントン・E・ザウターが1820年代にオーストリアのツェラー湖でこの緑藻のボールを発見したとされるが、1898年に「マリモ」と名付けたのは日本の植物学者、川上瀧彌だ。日本語で「マリ」は弾ませて遊ぶボール、「モ」は水中で生育する植物を指す。北海道の阿寒湖のマリモは1921年以来、日本の国の天然記念物として保護されている。アイスランドでは、ミーヴァトン湖の球形の藻類が2006年に保護植物に指定されている。しかし、トナカイゴケと同様、マリモも乱獲されているのではないかとの疑いをわたしは持っている。アクアリウムにマリモを入れるのはよくあることだし、インターネットでも大量に販売されているからだ。わたし自身、毎週のように、マリモの販売業者

趣味の世界で広がる混乱

　植物を一般名で呼ぶことは、ガーデニングの世界以外でも、アクアリウム、テラリウム、ビバリウムに凝る人たちを混乱させている。「〜〜ゴケ」「〜〜モス」と呼ばれる水生植物の中に、*Taxiphyllum barbieri*（和名：ミズキャラハゴケ、英名：ジャワモス）、*Vesicularia dubyana*（和名未定、英名：シンガポールモス／トライアングラーモス／ミニモス／ウィローモス）、*Vesicularia montagnei*（和名未定、英名：クリスマス・モス）など、本物の苔があるのは確かだ。しかし、アクアリウムに使用される「苔」は藻類であることが少なくない。アクアリウムやビバリウムに使う苔を提供する業者は往々にして、本物の苔と地衣類、ヒカゲノカズラ、藻類を区別していない。

　事態をさらにややこしくしているのは、アクアリウム用品を提供する業者が誤った情報を仕入れていたり、植物の学名に無関心で、複数の種類の苔を1つの名前で呼んだりするからだ。たとえば、*Leucobryum*属（和名：シラガゴケ属）、*Atrichum*属（和名：タチゴケ属）、*Plagiomnium*属（和名：ツルチョウチンゴケ属）、*Dicranum*属（和名：シッポゴケ属）はすべてフロッグモスと呼ばれる。カエルやサンショウウオ、トカゲ、カメはいろいろな種類の苔を置いてやれば喜ぶかもしれないが、両生類好き、爬虫類好きにとって、もっと大切なことは、勝手な判断でフロッグモスと呼ばれるものを利用するのではなく、環境の湿気を調節するような苔を選ぶことだ。

上　クラブ・モスはヒカゲノカズラで、苔でない
下　*Huperzia*属（和名：トウゲシバ属）のように、真正の苔に間違われるクラブ・モスもある

（主に日本とハンガリーの）から売り込みを受けている。彼らのマリモを販売するのに手を貸してほしいというのだ。

　Chondrus crispus（和名：ヤハズツノマタ、英名：アイリッシュモス／カラギーナン・モス）は紅藻類で、北アメリカとヨーロッパの大西洋岸の岩や石に生息している。

ヒカゲノカズラ

　ヒカゲノカズラ（ヒカゲノカズラ科）は維管束植物で広義のシダ植物として扱われている。ヒカゲノカズラは花をつけるのではなく、胞子を拡散させて増えるという特徴がある。根を持ち、ウロコ状の葉がらせん状につく。葉のつき方は、苔の葉が茎を取り巻く様子と似ている。クラブ・モス、シャイニング・クラブ・モス、シャイニング・ファー・モス、ターキー・ブラシ、ランニング・グランド・パイン、ランニング・グランド・シーダーなどの一般名が種々のヒカゲノカズラ属植物についている。

　*Selaginella*属（和名：イワヒバ属）はある種の苔に似ているが、ヒカゲノカズラ植物門に分類される。イワヒバ科の植物は全般にクラブ・モスと呼ばれる。そのほかの一般名として、スパイク・モス、ブルー・スパイク・モス、ピーコック・モス、ゴールデン・モスなどがある。イワヒバは米国で販売される人気の植物だ。わたしもかつて、ノースカロライナ州に自生するイワヒバを自分の庭に植えたことがある。成長する時期にはネオンランプのような緑色を保っていたが、冬になると枯れて茶色くなるか、黒ずんでしまった。寒さに強い苔に比べて、この状態は見た目が悪いので、枯れたイワヒバの枝や葉は引き抜いた。枯れた多年生植物の常で、毎年春になると、あちこちで新芽が吹き出して、再び岩や切り株を這う。

　*Selaginella*属（和名：イワヒバ属）の葉は、黄金色、光沢のある青色、かすかに赤みがかった色と、さまざまに異なる色調を見せることがある。*Selaginella kraussiana* 'Aurea'（和名未定、英名：ゴールデン・モス）、*Selaginella*

uncinata（和名：コンテリクラマゴケ、英名：ピーコック・モス、ピーコック・スパイク・モス、ブルー・スパイク・モス）、*Selaginella erythropus*（和名未定、英名：ルビーレッド・スパイク・モス）などがその例だ。蘚苔類と同じく、スパイク・モスも世界中に分布し、中国にはブラウンズ・スパイク・モス、アフリカやアゾレス諸島ではクラウス・スパイク・モスが見られる。

　*Selaginella*属（和名：イワヒバ属）のほか、ヒカゲノカズラ科のクラブ・モスも種類が多く、そのうちのいくつかは一年を通じて濃い緑色だ。わたしが住む地方でも、*Huperzia lucidula*（和名未定、英名：シャイニング・モス）が岩や腐った丸太の下から這い出て、ぼさぼさと毛の生えた指のような姿を見せている。木材の切り出しが行われ、新たに松が生えてきたような森では、地面全体がランニング・グランド・シーダーとかターキー・ブラシと呼ばれている植物で覆われる。学名を*Diphasiastrum digitatum*（和名未定）と言う、美しい姿の植物だ。葉が放射状に広がって円形をなし、その中心から胞子茎が伸びている。庭でヒカゲノカズラを育ててみたいのなら、簡単ではないということを知っておこう。匍匐茎に沿って繊維状の根が十分に発達しないため、新しい場所に定着させるのが難しいのだ。ヒント：*Diphasiastrum digitatum*（和名未定）をうまく育てたいなら、伸びた匍匐茎の先端を利用すること。

　ヒカゲノカズラは、とくにアジアで、薬用に重宝されている。ある種のクラブ・モス（ヒカゲノカズラ）は常緑なので、花卉園芸で装飾に好んで用いられる。繰り返すが、大衆のニーズに応えてむやみに採取していると、その土地での生息数に負の影響を及ぼしてしまう。

知りたい！
育てたい！
25の苔

Climacium americanum（和名未定）
はわたしの大好きな苔だ。1年を通し
て見ごたえがあることに加え、植物片
からでもよく育つのが嬉しい

どんな苔を植えたらいいかわからない？　この章では、ガーデナーの皆さんにお勧めの種（しゅ）を紹介していこう。決して少なくない種の苔が、米国を含む世界中で自生している。一方で、限られた地域にしか生息しない種もある。

土壌のpHを調整したり、必要に応じて散水して、庭の環境を整える気があるなら、あなたの苔庭に与えられた選択肢はたくさんある。ここで紹介する苔は、人の手が入ったランドスケープや庭園でうまく育つことが証明されている種の、ほんの一例でしかない。

苔の種を見分けるのは難しい。蘚苔類学者は、苔植物を識別するのに、細胞の配列、葉の縁や先端の形状、場合によっては蒴（胞子嚢）の形状などを顕微鏡で細かく観察する。大半のモス・ガーデナーは顕微鏡を使おうという気がないので、肉眼で観察したり、携帯できるルーペで苔の特徴を調べることになる。時が経つにつれ、植物学的な特徴、生活環、形状や色を見極める目が養われていくだろう。触覚も動員して、苔の密度や厚みのニュアンスをつかもう。外観や構造を手がかりに、顕微鏡を利用して苔植物を識別したいなら、出版されているものでもインターネットでもいいので、図鑑や解説書を参考にするといいだろう。

土壌のタイプについて

苔のほとんどは酸性土壌でよく生育するが、そうでないものもある。この章で紹介する25種の苔については、それぞれに適した土壌のタイプを記している。土壌のpHをテストする方法は苔の植え付けに関する章で詳しく述べるが、いまのところは、以下の3点を押さえていれば十分だ。pH値が低いほど土壌の酸性度は高くなる。

>>酸性土壌のpHは6以下である

>>石灰質土壌には炭酸カルシウムが含まれており、pHは7以上。石灰石やドロマイトが主成分となっている土壌も石灰質土壌である

>>アルカリ性土壌のpHは8.5以上。粘土質土壌や炭酸ナトリウムを施した土壌はアルカリ性土壌である

Anomodon rostratus

[和名] 和名未定

[英名] コモン・ツリー・エプロン・モス、イエロー・ヤーン・モス
¥茎の長さは1.2〜2センチ。葉の長さは0.8〜3.2ミリ。石灰質土壌や
アルカリ性土壌を好むが、酸性土壌でも育つ

Anomodon rostratus（和名未定）は匍匐性、つまり横に成長する苔だ。多くの苔が酸性土壌で生育するのとは対照的に、この苔はアルカリ性土壌を好む。世界各地に分布しており、地面に生えるよりも、木（とくにオーク、ヒッコリー、マツ）の根元の樹皮にびっしりと生えることが多く、崖や岩肌でも生育する。アジアでは、同属のAnomodon longifolius（和名：キヌイトゴケ）のほうがよく見られる。

A. rostratus（和名未定）は深緑ないし黄色がかった鮮緑色で、乾燥するとわずかに変色し、元気のない様子になる。もっとも、ウィスコンシン州のモス・ガーデナー、デール・シーバートが言うには「Anomodon属（和名：キヌイトゴケ属）は少々元気がなくても、それほど見栄えは悪くない」。シーバートはこの苔を好んで大量に使っている。彼の庭では石灰岩の上に配されることが多く、たまに花崗岩にも使われている。蒴はかぎ状の蒴蓋で覆われ、これが学名のrostratusの語源になっている。rostratusはラテン語で「かぎ状の、曲がった、釣り針状の」を意味する。

Atrichum angustatum

[和名] 和名未定

....

[英名] スター・モス、リトル・スター・モス、
ウェイビー・スターバースト・モス
主茎の長さは約2センチ。葉の長さは3〜6.4ミリ。酸性土壌を好む

Atrichum angustatum（和名未定）と*Atrichum undulatum*（和名：ナミガタタチゴケ）は同属植物だが、大きさとそれぞれが好む生育環境（つまり土壌の性質と日照条件）が異なる。いずれもお勧めの種で、個体ごとの草丈がだいたい同じで、水平方向に滑らかに広がって見えるので、青々とした芝生のような効果を出すには理想的だ。盛り土や岩に植えたときのみ、群落を形成する。両種とも先端は星形だが、*A. angustatum*（和名未定）のほうが小型で、低地に生息し、栄養状態が劣悪な土壌にも耐えられる。この種は、倒れてむき出しになった木の根や地面のほか、道端でも見られる。砂地で育つ群落は、採取や植え付けの際にばらばらになりやすいので、扱いには注意が必要だ。

*Atrichum*属（和名：タチゴケ属）は断片からもよく育つので、ちぎれた植物体をとっておこう。葉の色はふつうの緑色だが、造精器は派手なオレンジ色で、しかも隣り合う群落の雄株（この種は雌雄異株である）どうしが一箇所に固まる傾向があるため、よけいに目立つ。日陰でも日なたでも育つので、石畳の隙間や石の割れ目に植えてもいいだろう。*Atrichum*属（和名：タチゴケ属）は種ごとに外見が異なるが、肉眼でも見える胞子体はとてもよく似ている。*A. angustatum*（和名未定）も*A. undulatum*（和名：ナミガタタチゴケ）も、胞子体の状態では銅色の印象的な姿になる。熟した蒴は、しなるような細長い円柱状で、暗褐色をしており、口を覆う白い帽とよいコントラストを見せている。

ガーデナーのために
知りたい！育てたい！25の苔

Atrichum undulatum

[和名] ナミガタタチゴケ

[英名] ビッグ・スター・モス、クレイン・モス、クラウン・モス、スターバースト・モス

主茎の長さは約1.2〜5センチ。葉の長さは6.5〜12ミリ。酸性土壌を好む

　この苔の植物体は星形で、同属のAtrichum angustatum（和名未定）の植物体の数倍の大きさがある。Atrichum undulatum（和名：ナミガタタチゴケ）の美しさは格別で、A. angustatum（和名未定）の色調よりは若干明るく、葉は半透明の緑色を呈する。ライフサイクルの中では、赤さびのような茶色になる時期もある。その様子は災害に見舞われたように見えるが、やがてネオンランプのような緑色の新芽が吹く。胞子体の出現は頻繁に起こり、しかも大量の胞子を生じるのがふつうだ。完全に成熟する前の蒴は金茶色で、細長いくちばしのような突起がある。雌雄異株（雄株と雌株が別々に群落を形成）であったり、雌雄同体（造精器と造卵器がともに、同じ群落内にあるか1つの個体にある）であったりする。

　A. undulatum（和名：ナミガタタチゴケ）は、ときおり日光に当たるのには耐えられるが、生育には日陰が最適だ。あまり養分に富んでいない土壌を好むA. angustatum（和名未定）とは異なり、広葉樹林の湿った腐植土を好む。人の行き来の多いところでも耐えられるような下草を敷きたいときには、いちばんのお勧めの種と言えるだろう。ほかのAtrichum属（和名：タチゴケ属）と同じく、石畳や石の通路で生育する。A. angustatum（和名未定）と同様に直立性で、断片から増やすのにとくに適した苔だ。やや侵略的で成長が速く、6カ月から1年で地面を覆い尽くしてしまう。Thuidium属（和名：シノブゴケ属）やHypnum属（和名：ハイゴケ属）も成長の速い苔だが、それらを凌ぐ速さで、

この苔がほかの苔を追い出してしまうところをわたしは見てきた。よく育った群落を指でそっとかき集めるだけで、小さな断片が大量に生じる。茶色くなった古い葉を手でざっと一掃すれば、新しい芽吹きが促される。

Aulacomnium palustre

[和名] オオヒモゴケ

[英名] リブド・ボグ・モス
主茎の長さは3.2〜10センチ。葉の長さは1.6〜5ミリ。酸性土壌または
アルカリ性土壌で生育する

スポンジのような感触の苔といえば、何をおいても*Aulacomnium palustre*（和名：オオヒモゴケ）だ。ゆるやかに絡まり合って、厚さ5〜20センチのマットに成長する。自然界では、湧き水がしたたるような道端の崖にびっしり生えている。湿った場所を好み、湿原やぬかるみ、沼地でよく生育する。*Aulacomnium*属（和名：ヒメシワゴケ属）は適応できる土壌pHの範囲が広く、世界中どこでも見られることから、どんな場所に植えてもよいと思われる。

色はネオンランプのような濃い黄緑色で、その輝きは筆舌に尽くしがたい。近くでよく見ると、赤みがかった葉脈が観察できる。乾燥すると光沢がなくなるのは、葉の細胞に微小な乳頭状突起があるからだ。わたしは見たことがあるが、胞子体が出現するのはまれだ。無性芽による無性生殖のほうが一般的で、球状の無性芽をつけた茎が群落から立ち上がってくる。

厚く、ぼこぼこした表情のマットを苔庭に配置すると、山の連なりやうねる丘陵を演出できる。極度に湿度が高いところを好むので、滝の水煙、レインガーデン、沼地などに植えるとよい。こんもりとした*Aulacomnium*属（和名：ヒメシワゴケ属）の群落に腰かけたり、その上を歩くのは本当に気持ちいいけれども、何度も押しつぶされた苔にはストレスになるだろう。それでも、緑の新芽が残っているか、吹き出してくるなら、苔は力をつけて立ち直る。1つだけ注意しておくと、この苔のクッションに座ると、お尻はおもらししたように濡れてしまう。

※ 降雨時に雨水を一時的に貯留し、時間をかけて地下へ浸透させる透水型の植栽スペース

知りたい！ 育てたい！ 25の苔

ガーデナーのために

106

Bartramia pomiformis

[和名] タマゴケ

[英名] アップル・モス
主茎の長さは2〜6.4センチ。葉の長さは4.8〜6.4ミリ（葉の先端は内側に丸まる）。酸性土壌または石灰質土壌で生育する

Bartramia pomiformis（和名：タマゴケ）はクッションのようなふわふわした苔だ。明るい緑色で、ときに黄色くなる。反りのある細い葉は、乳頭状突起のせいで、いくぶんくすんだ感じだ。2.5センチに満たないほどの短い胞子体が現れ、早い段階では特徴のある小さなグリーンアップルに似た丸い蒴をつけるが、成熟すると赤っぽい色になる。ちなみに、学名の*pomiformis*はラテン語で「リンゴに似た」という意味だ。ゆるく群生して山のような形に成長し、通常5〜13センチくらいの高さになる。水分がたっぷりある日陰の岩棚や山の斜面を好み、世界中のこうした場所で見られる。

　学名をつけたのはヨハン・ヘートヴィヒで、ペンシルバニアの植物学者で園芸家でもあるジョン・バートラムにちなんでいる。バートラムは18世紀にいろいろな種類の植物を収集し、リンネやディレニウスといったヨーロッパの植物学者と交流があった人物だ。酸性土壌を好むこの苔は、湿度の高いところでよく生育する。水辺を引き立たせるのに植えるといいだろう。一時的に日光に当たるのには耐えられるが、基本的に日陰を好む。わたしの庭では、冬に胞子体のサイクルに入る。雪が解けるといつも、リンゴ形の蒴に会えて嬉しくなる。

Brachythecium rutabulum

[和名] ヒロハノフサゴケ

....

[英名] ラフ・フォックステール・モス、シーダー・モス
主茎の長さは2〜6.4センチ。葉の長さは4.8〜6.4ミリ。酸性土壌または石灰質土壌で生育する

Brachythecium rutabulum（和名：ヒロハノフサゴケ）は、横に広がって成長する苔だ。いくぶんけば立っているが、ゆたかな光沢を持つ。茎は匍匐性、または弓なりに立ち上がり、縁がなめらかで丸みのある三角形をした、緑〜黄色の葉をつける。胞子体は赤さび色で、微小な乳頭状突起が長さ1.2〜2.5センチの蒴柄全体につくのが特徴だ。茶色っぽい蒴の形はマカロニに例えられることもある。世界各地に広く分布する苔だが、見分けるのは難しい。蒴が小さく、植物体でいる（胞子体がない）ときのほうが多いからだ。

光合成の過程で、*Brachythecium*属（和名未定）は炭酸カルシウムを貯蔵でき、それゆえ、岩の形成に貢献していると考えられている。日陰でも日なたでも育ち、乾燥しているか水分を含んでいるかによって外観が若干変わる。どんな季節にも対応できる、オールマイティな苔なので、庭の中で扱いの難しい場所に植えてみてはどうだろう。ほかの植物が生きのびるのに苦労するような場所に植えたり、石畳や石の通路を装飾するのに利用したりすると、本領を発揮するだろう。

Bryoandersonia illecebra

[和名] 和名未定

・・

[英名] スプーン・モス、カップ・モス、ワーム・モス
主茎の長さは2〜6.4センチ。葉の長さは0.8〜6.4ミリ。酸性土壌また
はアルカリ性土壌で生育する

　ゆるくつながり合ってマットのような群落を形成するBryoandersonia illecebra（和名未定）は、直立性の苔だ。日照の加減で明るい緑色や黄色がかった緑色を呈し、強い陽ざしを浴びると金メッキをしたように輝く。長さ2.5〜5センチの茎をぐるりと取り囲むように小さい葉がついているのが特徴。管状の植物体を見て、黄緑色に光るイモムシが集まっているようだと言う人もいる。主に川の土手などの奥まった日陰に群生し、木漏れ日を受けると発光したように見える。少し明るい場所で、この苔の厚いマットが岩などを飾っている様子は、きらきら光る金の王冠のようだ。Bryoandersonia属（和名未定）は岩の上や木（とくにオークやヒッコリー）の根元に生え、酸性土壌またはアルカリ性土壌に直接植えても育つ。極度な高温や乾燥に

も耐えられる。

　特筆すべきは、Bryoandersonia illecebra（和名未定）は北アメリカに固有の種だということだ。北米大陸のいくつかの地域で生育するが、そのほかの場所では育たない。学名をつけたのはハロルド・ロビンソンで、ルイス・アンダーソンにちなんでいる。アンダーソンは『Mosses of Eastern North America（アメリカ北東部の苔）』の共著者で、優れた植物学者であり、デューク大学で教鞭をとっていた。胞子体は群落から出現し、成熟するにつれてさまざまな色のグラデーションを見せる。この苔は庭を飾るアクセントにぴったりだが、人の往来の多い場所に植えるときは慎重に。群落があっさりと蹴散らされてしまうからだ。鳥や動物による損傷も、まめに修復しなければならないだろう。

Bryum argenteum

［和名］ギンゴケ

．．．

［英名］シルバー・モス、サイドウォーク・モス、クラック・モス、
アスファルト・モス

主茎の長さは0.3〜1.3センチ。葉の長さは約0.8ミリ。石灰質土壌またはアルカリ性土壌で生育する

Bryum argenteum（和名：ギンゴケ）はビロードのような苔で、その輝きは宝石を思わせる。濃い緑色と銀色の光沢が目に心地よいが、触ったときの心地よさはそれ以上。信じられないほど柔らかいのだ。一般的には雑草のような苔と思われており、文字通り、世界中どの都市部や田舎でも生えている。科学者によれば、この苔は都会派の万能選手で、砂地、焼け跡、砂利、線路、煉瓦、アスファルト、コンクリートなど、あらゆる地表で育つという。屋根の上まで生育の場を広げることもしばしばだ。太陽に強く、あなたも日当たりのよい小道や街路を歩いているときに、この苔に幾度となく出会っていることだろう。一方で、この苔は耐寒性でもある。銀色に輝く葉の先端は、植物体でいる（胞子体が出ていない）ときに見分ける特徴となる。

　銀色に輝くような外観は、葉の先端付近の細胞にクロロフィルを持たないために白っぽく見えることに起因する。葉が小さく、先端がとが

っていることも、その印象をより強調している。乾燥したり、休眠すると、銀白色は濁った灰色になる。*Bryum argenteum*（和名：ギンゴケ）と *Ceratodon purpureus*（和名：ヤノウエノアカゴケ）（両者は性質が似ている）の形の違いを理解するには、ルーペが必要になるだろう。わが家の近くの森の小道では短い胞子体がふつうに見られるが、アメリカ北西部ではほとんど胞子体が出ない。断片からの無性生殖で増え、このとき白い葉先がちぎれて取れる。

　日当たりがよい場所でも、一時的にしか日が射さない場所でも生育するが、水分は必要だ。水はけの悪いところ、建物から流出する雨水を受ける場所、水を通さない表面でも生育する。とはいえ、定期的に乾ききった状態にすることも必要だ。定期的な水やりは不要で、たまにやるくらいでいい。わたし自身、水をやりすぎたり、日光に当てるのを怠ったせいで、この苔の群落を縮小させてしまったことがある。汚染物質による有害作用に抵抗性が高く、燃焼系エンジンから出る副生成物を浴びても生きている。この苔は、気温が上がりがちな場所に植えるといいだろう。石畳や歩道のある戸外の空間にぴったりだ。壁の隅や割れ目に押し込むと、手軽に年代を経た感じが出せる。

　断片から増やしたいなら、群落に土がついた状態でほぐすといい。手で強めにこするようにしてばらばらにし、お好みならミキサーで粉にしてもいいだろう。泥のパイ生地のようにこねてから、岩の割れ目や踏み石の隙間に詰め込もう。

Ceratodon purpureus

[和名] ヤノウエノアカゴケ

[英名] ファイヤー・モス、パープルホーンド・トゥースド・モス、パープル・モス

主茎の長さは0.3〜1.3センチ。葉の長さは約1.6ミリ（葉の先端は内側に丸まる）。酸性土壌を好む

Ceratodon purpureus（和名：ヤノウエノアカゴケ）は小さな苔だが、繁殖期に見られる深紅の胞子体はとてもきらびやか。もっとも、この苔がモス・ガーデナーに人気なのは、ビロードのような質感と、美しい緑色のグラデーションゆえだ。本種は、すばらしい特質を備えた万能選手と言える。世界中のどんな気候でも、どんな場所でも——凍結した南極大陸からニューヨークの灼熱の歩道まで——生育するのだ。酸性土壌を好む苔の代表だが、広範囲な土壌pHに適応する。上に向かって成長するとはいえ、個体そのものが小さいので、地上に盛り上がることはめったにない。仮根は1.3センチほど地中に伸びる。

Ceratodon属（和名：ヤノウエノアカゴケ属）は標準以下の過酷な環境を好むようだ。日当たりが強いのは大歓迎。低温にも耐えられるが、熱い場所が大好きで、コンクリートの歩道の割れ目やアスファルトを張った駐車場の角など、熱がこもってうだるようなところにも生えている。かんかんと照りつける太陽をものともせず、焼けた屋根や石の上でも生きている。常に湿った状態でいるよりは、ときどき水分を与えるくらいが望ましい。水をやりすぎると、よい結果は得られないだろう。Ceratodon属（和名：ヤノウエノアカゴケ属）は石畳や石の通路、岩壁、グリーンルーフに適している。断片からの増殖は、Bryum argenteum（和名：ギンゴケ）で紹介した手順を参照してほしい。

Ceratodonは、ギリシア語で「角のような歯」を意味し、蒴歯が動物の角に似ていることに由来する。purpureusはラテン語で紫色を意味する。どうやら、昔は赤っぽい色を「パープル」といったのだろう。今の米国では、パープルといえば紫色だけど。わたしには、この苔の胞子体は赤色にしか見えない。鮮紅色の胞子体が色あせた後、植物体は一時的に赤れんがのようなさえない色になるが、ライフサイクルが進むと、見栄えの悪い部分も生き返り、鮮やかな緑の新芽が吹き出す。

Climacium americanum

[和名] 和名未定

....

[英名] ツリー・モス

主茎の長さは3.8〜8.3センチ。葉の長さは1.6〜3.2ミリ。酸性土壌または石灰質土壌で生育する

苔の世界を語るとき、ほかの植物と比べるとやはり苔は「小さい」と表現することになる。*Climacium americanum*（和名未定）は苔のなかでは大型の種で、ほかの苔を見おろすようにまっすぐ上に伸びる。この苔が成長する姿は印象的で、小さく丸まったような姿から、大きく枝を広げたクリスマスツリーのようになる。その幅は5センチほど。ふさふさとした先端の葉はさまざまな色合いを見せ、若い葉は鮮やかな緑色、古い葉は鈍いオリーブグリーンから茶色を呈する。群落の中では、常に何かしらの色の変化が起きていて、目を楽しませてくれる。

秋には、先端の葉は輝くようなオレンジ色になり、まるで妖精が光の絵の具をひと刷毛加えてきらきらさせた絵のようだ。日当たりがよく、たくさん雨が降るか、十分な水がもらえる場所に植えると、緑色の葉が太陽のような黄色になる。多くの苔は、栄養状態が少々悪いところでも生育するが、この苔は腐植土のような養分豊かなローム質土壌で生育する。健康な状態を保つには、水分が重要だ。

*Climacium*属（和名未定）は湿気の多い日陰を好み、水浸しの場所や沼地などでよく育つが、日当たりのよい場所でも生育する。ノースカロライナ州で、わたしはこの苔が芝生を侵害するという現象に気づいた。同属の*Climacium dendroides*（和名：フロウソウ）もアメリカでよく見かける種だが、北西部では芝生に生える雑草とみなされている。無性生殖でよく増殖し、胞子体が一斉に広がるところはめったに見られない。胞子体が出現するときは、円柱状の

萌をつけた胞子体が1ヶ所から数本出てきて、羽根を束ねたように見える。多くの蘚類が先端から胞子体を1本しか出さないのとは対照的だ。ちなみに、*Rhodobryum*属（和名：カサゴケ属）は*Climacium*属（和名：コウヤノマンネングサ属）と同様、同じ場所から複数の胞子体が出る。その様子は頭飾りをつけているようだ。

この苔は、横に伸びる根茎から植物体が1本ずつ直立して、線の上に並んだように生える。線上に並ぶという特徴は、株が交錯して群落を形成すると、一見しただけではわからない。モス・ガーデナーだけが特別に見ることを許された構造だ。増やすときは、群落ごと目的の場所に植え付けてもよいし、群落をうまくほぐして、根茎を5センチほどの間隔で切断して「木のミニチュア」を1本ずつにした断片を利用してもよい。どちらの方法でも、うまく増やせれば、小さな森のような景観を作ることができる。

土砂の流出を防ぎたいところにも、*Climacium*属（和名：コウヤノマンネングサ属）を植えるといいだろう。水をよく吸うので、水浸しになっているところを改善するのに役立つ。一時的な豪雨による奔流や洪水、都市部の流出水への対策にもなる。*Climacium*属（和名：コウヤノマンネングサ属）の群落は、岩の上や山間の沼地などの環境で生育する。群落を植えるときは、土壌に養分を詰め込もう。粘土質の土に腐った葉や落ちた松葉を入れるといい。地面を熊手でかき寄せ、根茎の上下から養分を混ぜた土をかぶせる。植え終わったときに、「木のミニチュア」がすべて上向きになっているかど

ガーデナーのために　知りたい！ 育てたい！ 25の苔

うか確認して。

　この苔の生命力には驚くばかりだ。断片から
よく増殖し、どの部位からでも再生できる。仮
根のそば、茎、枝、葉先はもちろん、枯れかか
った部位からでも新芽が出るようだ。茎と根茎
はよく伸びるので、切り刻んで1〜2センチの
断片を作るのに鋏が必要だ。数週間から数カ月
で土に馴染み、6カ月から1年で目に見えて広
がる様子はことのほか印象的。断片を厚めに散

らしてその上を歩き、水やりをするとうまく増
殖する。

Dicranum scoparium

[和名] カモジゴケ

[英名] ムード・モス、ウィンドスウェプト・モス、ブルーム・モス、フットスツール・モス、クッション・モス

主茎の長さは2〜8.3センチ（頭部が分岐して大型化し、20センチに達した株を見たことがある）。葉の長さは4.8〜8.5ミリ。酸性土壌を好む

　北アメリカを含む世界全体に広く分布するDicranum scoparium（和名：カモジゴケ）は、ほかのDicranum属（和名：シッポゴケ属）とともに、モス・ガーデニングでは人気の苔だ。わずかに曲がった葉が風に吹かれたような姿を見せる。同じ形を、擦り切れてボロボロになったほうきの先端に例える人もいる。Dicranum属（和名：シッポゴケ属）の群落は複雑な絡まり方はせず、ゆるやかにつながり合っている。直立性で、クッションのように盛り上がるが、群落の年齢によって、やや平らになることもあれば、小高い円形の丘のようになることもある。非常に柔らかい苔なので、ベンチの足載せ台にぴったりだ。Dicranum属（和名：シッポゴケ属）は松の木の下の傾斜地で見られることが多く、土、腐植土、砂地、岩、木の根元、腐った木などに生える。

　通常、日陰では豊かな色合いの緑色で、部分的に日光が当たると濃い深緑色になる。季節によって木漏れ日が長く当たったり、陽ざしが強くなったりすると、葉は黄色く輝き始める。最も色が美しい状態で葉を収穫すると、数カ月間は色が保たれ、乾燥しても色あせないため、不幸にして園芸産業やフラワーアレンジメントでの人気を加熱させることにもなっている。一方、通常のライフルサイクルの中で（あるいは胞子体が枯れることによって）苔が茶色になることを好まないモス・ガーデナーにとっても、美しい緑色を保てるこの苔は魅力だ。アーモンド形の蒴をつけた黄金色の胞子体は、緑色の群落を照らすろうそくの炎のようにも見える。

　日陰でよく育つ苔だが、日当たりのよい場所でも生きられる。酸性土壌を好む一方で、幅広い土壌pHに適応する。長い間、水に浸かっていることは苦手だ。群落がひどく傷んで、死滅してしまう。したがって、水はけのよい傾斜面に植えるのが望ましい。群落の中心に黄色の点が出現したら、それは病害の兆候だ。Dicranum属（和名：シッポゴケ属）を植える場所としては、葉を落とした松の木の下が適している。あるいは群落の下に、松の葉を層にして入れてやるといい。わたしの経験上、なかなか好みがうるさい苔だと言える。水分が多すぎるとふやけてしまうし、日光に当てすぎると病的な黄色になり、乾燥しきって悲しい結果に終わる。さらに、鳥や動物がしょっちゅう群がってきて群落を荒らすので、こまめな修復が必要になる。

Entodon seductrix

[和名] 和名未定

[英名] セダクティブ・エントドン・モス、トゥースピック・モス、コード・グレード・モス

主茎の長さは2〜3.8センチ。葉の長さは0.8〜1.6ミリ。酸性土壌または石灰質土壌、アルカリ性土壌で生育する

土や岩などにすばやく固着する能力がある Entodon seductrix（和名未定）は、日陰でも日なたでも美しい姿を見せる。とくに魅力的なのは、そのみごとな光沢だ。まるでメタリック塗装をしたように、日の光を受けると玉虫色にきらきらと緑色や金色、茶色の光を反射する。葉の形は先端が鋭くとがっていて、互いに重なり合っているのも特徴だ。年に数回、銅色の蒴は黄色の胞子を雲のように放出する。学名の Entodon は、人間の歯のように、それぞれの蒴の中に歯が生えている様子を表す言葉だ。わたしはこの苔にシャイニー・セクシー・モスというニックネームをつけた。

匍匐性で、横に成長するので、ほかの苔に比べて平らに見える。高くなる苔を望まないなら、この苔がおすすめだ。植える場所を選ばず、極度に高温になる場所でも生きのびる。とりわけ開けた森林の、粘土質を主とする土壌でよく生育する。仮根は、土はもちろん、コンクリートやアスファルトの屋根板の表面などにもしっかりと固着する。日陰、日なたを問わないので、苔庭、生垣、グリーンルーフにもってこいだ。

個々の植物体は互いに絡まり合うが、植えるときに注意して扱わないと、群落はばらばらになってしまう。玉砂利の道に断片を散らしておくと、緑を感じられる通路になるだろう。手で簡単に小さな植物体を分けることができるので、断片から増やそうとするときに手間いらずなのも嬉しい。土をこねる必要さえなく、Entodon 属の断片を地表に散らしたら、水やりをしてその上を歩く（押さえつける）だけで、うまく増殖する。ただし、固着するまでは早いが、広がるのまで早いとは思わないほうがいい。十分に成長するまでは、なかなか広がらないからだ。

Fissidens dubius

[和名] トサカホウオウゴケ

....

[英名] プルーム・モス、フラット・フォーク・モス、ポケット・モス、メイデンヘア・ポケット・モス

主茎の長さは2〜5センチ。葉の長さは1.6〜4.8ミリ。酸性土壌または石灰質土壌で生育する

Fissidens dubius（和名：トサカホウオウゴケ）は、苔の世界の中でもとくに見分けやすい種だ。鮮やかな緑の葉はすべて同列に並び、平らな外観を呈している。2列に並んだ葉は小さな羽に似ている。なによりユニークなのは、葉の基部が折りたたんだような形状になっていることだ。ほかの属には見られないこの構造は腹翼と呼ばれ、貯水槽と同じ働きをしている。大きい葉も小さい葉も縁がぎざぎざになっているのにも注

目。ルーペを使って、こうした植物学的な特徴を観察してみよう。

本種は湿度の高い場所や、雨がよく降る地域を好む。自然界では、川や滝に沿って生育し、人の目を楽しませている。森の奥深くを歩いてみよう。本種が丸太、切り株、岩、土に生えているのを目にするだろう。一時的に日光が当たるところでも生育するが、もともとは日陰を好み、木や葉の影が差すと、濃い緑色を呈する。一方、胞子体は、蒴柄も蒴も燃えるような緋色で、植物体の真ん中から立ち上がる。蒴の形は*Atrichum*属（和名：タチゴケ属）のそれに似た円柱形で、中に胞子が入っている。*Fissidens*属（和名：ホウオウゴケ属）は、世界全体で700種以上も見つかっており、北アメリカ原産のものには*F. andianthoides*（和名未定）や水生の*F. fontanus*（和名未定）がある。

*Fissidens*属（和名：ホウオウゴケ属）は初心者向けの苔と言える。断片から簡単に増やせるからだ。仮根は土に定着しやすく、こんな小さな苔でも土の崩落を防ぐ役に立つ。群落を隙間なく植えると、豪雨時の水流の勢いを弱め、土が洗い流されるのを防いでくれる。デザインのセンスを駆使して、この苔をどこに植えたらいいか考えてみよう。きっと、小さな庭に上品さを添えてくれるはず。

Funaria hygrometrica

[和名] ヒョウタンゴケ

[英名] ツイステッド・コード・モス、ファイヤー・モス、
シンデレラ・モス、プレディクター・モス、
チャコール・ペドラー

主茎の長さは1〜3.2センチ。葉の長さは1.6〜4.8ミリ。アルカリ性土壌を好む

この苔はパイオニアプランツで、風変わりな胞子体がたくさん出現するという特徴がある。森林火災のあとに残った黒焦げの木から、1年もしないうちにFunaria hygrometrica（和名：ヒョウタンゴケ）が不毛の土地に緑を再生すべく立ち上がる。背の低い苔なので、胞子体がずらりと登場するまで気づかないかもしれない。遠くから見ると、つんつんとした芝生の新芽のような緑色が鮮紅色の帯と溶け合い、光り輝く波をうっているようで、思わず引き込まれてしまう。洋梨形の萌の中で胞子が成熟するにつれて、色が次第に変わっていくのは壮観だ。完全に成熟すると、胞子体は黒ずんで赤銅色になる。

しかし、この苔が光彩を放つ期間は短い。時が経つと、萌柄が曲がって互いに撚り合わさるようになるからだ。英名をツイステッド・コード・モスというのは、この理由による。学名のFunariaはラテン語で「ロープ」を意味するfunisから派生している。2〜3年のうちに、この苔は姿を消し、代わりに維管束植物が高くそびえるようになる。自己阻害的な性質があり、同じ場所に再び生えることはない。だから、暖炉の灰を捨てる場所にこの苔を植えても、いつまでもそこに生息するのではなく、ほかの植物が長く生きられるよう場を譲る。どんなに工夫してみても、つかの間の美しさは持続しない。

最近、丘の上のナーセリーの駐車場に敷かれ

た砂利でこの苔が生育しているのに気づいた。火災の跡地だけではなく、この種は世界中に遍在し、バランスの崩れた土壌でもよく育つ。それでいて、大量の肥料にも耐えられるのだろう、温室の植木鉢の土にも生えるのだから。

Hedwigia ciliata

[和名] ヒジキゴケ

[英名] メデューサ・モス、ホワイト・チップド・モス
主茎の長さは1〜12.7センチ。葉の長さは1.6〜4.8ミリ。酸性土壌を好む

　若い人たちはヘドウィグという名前に聞き覚えがあるだろう。ハリー・ポッターが大事にしているフクロウだ。しかし、この学名は苔植物学者の父、ヨハン・ヘートヴィヒにちなんでいる。*Hedwigia ciliata*（和名：ヒジキゴケ）は世界中に分布する苔で、つるが垂れ下がるように成長する。濡れた状態のときにはすばらしく美しいが、乾燥すると一転して、さえない灰色の紐のようになる。けれどもふたたび水を補給すると、すぐに息を吹き返す。霧吹きの魔法の効果が最もわかりやすく表れる種だ。

　植物体は基部でまとまっており、わずかに扇形に広がる。明るい緑白色の先端が縮れて、スタイリングした髪のようだ。平らな表面では、中心から1本ずつ放射状に広がって、クッションのような丸い群落を形成する。明るく白っぽい先端は霜が降りたように見えるため、ロックガーデンに趣を添える苔として採り入れているモス・ガーデナーも多い。わたしはこの苔をドレッドヘア・モスと呼んでいるが、もうひとつの特徴として、熱に強いことがあげられる。自然界では、日陰や日なたで小石に生えているのをよく見かける。都市部では近縁種が壁や橋、屋根の上を占領している。軽い苔なのに、強風や激しい雷雨があっても、わが家の屋根から吹き飛ばされずにいることにいつも驚いてしまう。

　*Hedwigia*属（和名：ヒジキゴケ属）の胞子体は目立たないので、気づかれないことが多い。しかし、探究心旺盛なモス・ガーデナーなら、胞子体を見つけるために繊細な枝の深いところをルーペで覗いてほしい。胞子体は蒴柄がごく

Hedwigia ciliata（和名：ヒジキゴケ）の群落

Hedwigia ciliata（和名：ヒジキゴケ）の基部

ごく短く、群落の奥深いところにある葉についている。胞子体の出現を見逃さないためには、頻繁に近くでよく見ることだ。

　この苔は、周期的に全体が肉の赤いメロンのような色になるが、こうした色の変化には説明がつけられない。ほかの苔は日照の変化で色が変わるが、この苔の場合はそうでもなさそうだ。初めてくすんだオレンジ色になったのを見たときは、病気になったのかと心配した。このオレンジ色は必ず緑色に戻るので、驚きながらもそ

ういうものとして受け入れている。いつの日か、苔植物学者か園芸家がこの色の変化について研究結果を出してくれるだろう。

　*Hedwigia*属（和名：ヒジキゴケ属）を植えるときは、同じ方向を向くようにして、倒れたドミノのように端を重ねるとよい。仮根を定着させるのに必要な措置だ。壁や小石を*Hedwigia*属（和名：ヒジキゴケ属）で飾りたいなら、断片と土をよく混ぜたものを、割れ目や隙間に詰めてみよう。

Hylocomium splendens

[和名] イワダレゴケ

[英名] フェザー・モス、ステア・ステップ・モス
主茎の長さは2.5〜5センチ。葉の長さは1.6〜3.2ミリ。酸性土壌を好む

　大型で、すこしばかりごわごわした*Hyloco mium splendens*（和名：イワダレゴケ）は緑色の羽根のように見える。シダに似た外観で、硬い針金のような直立する茎に沿って、階段を上るように葉がつく。しかし、アメリカ北西部に生育しているものは階段状にはならず、不揃いな形の分枝が生じる。群落は気ままに絡み合って厚い毛布のようになる。植物体は緑色だが、群落が乾燥するとほとんど退色して冴えない色合いになる。たまにしか発生しない胞子体は、銅のような鈍い輝きを帯びた褐色で、魅惑的な苔のマットの表面にアクセントを添える。

　この苔は広葉常緑樹帯に広く分布していて、土、腐植土、丸太の上に生育する。非常にふわふわしているので、柔らかい苗床を作ったり、ほかの苔との対比を見たりして楽しめる。*Hylocomium*属（和名：イワダレゴケ属）はとりわけ日陰でよく育つ。繁殖させたいときは、*Climacium*属（和名：コウヤノマンネングサ属）と同じように、植える前に地面を熊手で掻いてから、養分を混ぜ込んだ土を薄くかぶせるといい。

Hypnum curvifolium

[和名] 和名未定

[英名] ファーン・モス、ログ・モス、シート・モス、
フラット・タフテッド・モス、ブロケード・モス、
カーペット・モス、カーリー・リーフ・ファーン・モス

茎の長さは2～3.8センチ。葉の長さは0.8～1.6ミリ。酸性土壌を好む

　Hypnum属（和名：ハイゴケ属）には80種以上が含まれ、そのいくつかは北アメリカに固有の種だ。Hypnum curvifolium（和名未定）は、歩道でも苔庭でもよく育つ苔で、広がっている様子は小さなシダを織り込んだ妖精のためのカーペットのよう。1本の苔は先端に向かって反り返り、となりの苔と絡まり合う。分枝すると新たに地面に定着して、大きく広がりながら群落を形成する。群落の内部で分枝が生じると、上方へ伸びるためにマットの厚みが増す。この上を歩くとスポンジみたいな感触が気持ちいい。一年の大半は緑色で、木漏れ日の加減で壮麗な金色になる時期がある。葉の先端の色は明るく、緑一色の中でよいアクセントになっている。胞子による生殖でよく増え、胞子体の時期の眺めはすばらしい。

　種名のHypnumはギリシア語の「眠る」から派生した言葉で、古代に医療目的で苔や地衣類が用いられたことに由来する。ほかのHypnum属（和名：ハイゴケ属）と同様に酸性土壌を好むが、この苔は広範囲な土壌pHで生存でき、岩や木でも生育する。気象条件については、同属のH. imponens（和名未定）よりも順応性が高い。H. curvifolium（和名未定）に触れたくなる誘惑にかられたなら、断片を用いるか、群落ごと移植して、あなたの庭で育ててみよう。

Hypnum imponens

[和名] 和名未定

[英名] ファーン・モス、ログ・モス、シート・モス、
フラット・タフテッド・モス、ブロケード・モス、
カーペット・モス

主茎の長さは2〜3.8センチ。葉の長さは0.8〜1.6ミリ。酸性土壌を好む

Hypnum imponens（和名未定）は北アメリカをはじめ、世界中に生息する苔で、腐った丸太や森の中を生活圏としている。個々の植物はシダのような形状で、まとまると錦織のような重厚な外観を生む。匍匐性で、生育環境や生育年数によって数ミリから数センチ厚さのマットを形成する。

色は標準的な緑色だが、濃く深い色合いを帯びるときもあれば、明るい黄金色やレモンイエローになるときもある。これは日照が強くなる春先または晩秋の新しい葉が出る直前または葉が落ちたあとに起こる。Dicranum属（和名：シッポゴケ属）と同じく、鮮やかな緑色の状態で収穫すると、乾燥して長い期間を経ても、色があせないので、手芸やフラワーアレンジメントでも人気の苔だ。オレンジ色を帯びた茶色の茎は肉眼でも見える。ルーペを使うと、同じ方向に反った葉の下に隠れているカラフルな茎が見えるだろう。大半の苔と違い、主脈がないのも特徴だ。

Thuidium属（和名：シノブゴケ属）もシダ形だが、Hypnum属（和名：ハイゴケ属）のほうが乾燥した状態をうまくやり過ごすことができる。乾燥しても外観はほとんど変わらない。Hypnum属（和名：ハイゴケ属）には水はけのよい場所を好む種が多く、常時じめじめした場所にはまず生えない。長期にわたって水に濡れた状態にしておくと、茶色になって病的な外観になり、わたしはこの状態を「水あたり」と呼んでいる。Hypnum属（和名：ハイゴケ属）を植えれば、ニュアンスのある庭に仕上げることができるだろう。滝を美しく見せられるし、岩肌を飾るのもすてきだ。アメリカ国内で見られる印象的な苔のじゅうたんには、たいていこの苔が使われている。

H. imponens（和名未定）の世話には細心の注意が必要なときがある。うまく育てるには、水はけのよいpH5.5の土に直接植えること。群落が互いにつながり合うように、小枝を使って端をかみ合わせるようにする。自然に繁殖するのを待つ気持ちがあるなら、群落を小片に分けて地面に散らしておこう。

Leucobryum glaucum

[和名] シロシラガゴケ

[英名] ピンクッション・モス、クッション・モス、ホワイト・モス
主茎の長さは2〜8.9センチ。葉の長さは3〜9ミリ。酸性土壌またはアルカリ性土壌で生育する

ガーデナーのために
知りたい！育てたい！25の苔

この苔は、クッション形の群落を形成し、同属のLeucobryum albidum（和名未定）と同様、多くの苔に比べて微妙で軽やかな色合いを見せる。白っぽい（leucoは古代ギリシア語で白色を意味する）色合いは、植物学的に進化した種であることによる。一般的な苔が、単層の細胞からなる葉を持つのに対し、この苔の場合は葉が2層の透明な細胞からなっている。乾燥すると、透明な細胞が濁って光を通さなくなるため、白っぽく見えるのだ。ここへ水を与えると、スポンジのように水を吸収する。群落は非常に効率よく水分を保持するので、そう簡単に乾燥することはないだろう。このような水分保持型の苔は、ライバルの苔にとっても理想的な住処を提供する。さまざまな苔の胞子が風で運ばれ、Leucobryum属（和名：シラガゴケ属）の群落に着地すると、そこは居心地のよい苗床になるのだ。

Leucobryum属（和名：シラガゴケ属）の苔はさまざまな環境で生育するので、地理的には世界中で広く見られると考えられている。生育場所で多いのは、陰った森の下地、丸太や切り株、古い木や低木（シャクナゲなど）の根元だ。L. albidum（和名未定）は松の樹皮に生える珍しい苔だといわれている。わたしは、L. glaucum（和名：シロシラガゴケ）とL. albidum（和名未定）が陽光の降り注ぐ砂浜に生えているのを見たことがある。

L. glaucum（和名：シロシラガゴケ）の植物体はL. albidum（和名未定）のそれより大きい。群落から1本の苔を分離してみると、後者はスタッドイヤリングほどの大きさ（5〜10ミリ）しかないが、前者は指くらいのサイズに達する。L. glaucum（和名：シロシラガゴケ）の群落はL. albidum（和名未定）ほど密には生えない。L. albidum（和名未定）は短い胞子体が多量に出るが、L. glaucum（和名：シロシラガゴケ）から胞子体が出るのはまれだ。両種とも、無性生殖で効率よく増える。葉先が折れやすくなっていて、ちぎれると白い小山のように積もっていく。その一部は風に飛ばされて、新しい場所できれいな丸いピンクッションに成長する。残りは群落の奥深くに埋もれ、新しい株に成長して群落を拡張する（イメージとしてはタネまきに近い）。

Leucobryum属（和名：シラガゴケ属）の群落を植えるときは、松の葉を土に入れるなどして水はけをよくしよう。ここで紹介した2つの種は、日陰でも日なたでも育つ。日当たりのよいところに植えたら、水やりの回数は多めにするといい。乾燥すると群落が白っぽくなるので、水やりの目安になる。水を吸収するのが早いので、庭全体への水やりが終わる頃には緑が回復するだろう。ただし、水をやりすぎると、水浸しになって群落は縮小し、ほかの侵略的な苔に場所を譲ってしまうので注意。増殖用の断片を作るには、群落をもみほぐすか、鋏で切るといい。

上　L. glaucum（和名：シロシラガゴケ）の群落
下　Leucobryum albidum（和名未定）

Mnium hornum

[和名] オオヤマチョウチンゴケ

[英名] リップスティック・タイム・モス

主茎の長さは2〜5センチ（雄株はやや大きくなる）。葉の長さは3.2〜5ミリ。酸性土壌を好む

　Mnium hornum（和名：オオヤマチョウチンゴケ）は世界中に生息し、湿った場所と日陰を好む。小さな楕円形の葉が分枝しない茎に沿って複雑についている。葉は透けているため、明るい緑色だ。葉はルーペを通して見ると、縁が鋸歯のようになっていることがわかる。さらに葉を光に透かしてみると、鋸歯の部分には、小さなとげが2本重なっているのが見える。これがMnium属（和名：チョウチンゴケ属）の特徴で、近縁のPlagiomnium属（和名：ツルチョウチンゴケ属）の場合は、とげが1本しかない。ちなみに、Mniumは古代ギリシア語で「苔」を意味する。

　この苔は雌雄異株で、直立性とされているが、雌株は匍匐性で、川の土手の垂直面に垂れ下がることもある。直立する雄株は葉が長めで、ロゼット型の造精器を持つ。乾燥すると葉は縮む。胞子体はみごとで、頭を垂れている姿は敬虔な人が祈りを捧げている場面を連想させる。数センチの大きさしかないのに、植物体を見下ろすような存在感だ。蒴は空気が抜けたラグビーボールのような形をしている。

　この苔は、目立つ色や質感の植物とセットにして取り入れるのがおすすめだ。シダや草花の背景に取り入れれば、格好の引き立て役になってくれるだろう。Mnium属（和名：チョウチンゴケ属）のほとんどが十分な水分を必要とする。水のある場所に植えるのが望ましいが、中庭や北に面した壁にも生育する。多少の日光には耐えられるが、日陰のほうがよく育つことを覚えておこう。

Plagiomnium ciliare

［和名］和名未定

....

［英名］メニー・フルーテッド・スレッド・モス、
　　　　セイバー・トゥース・モス

主茎の長さは3.2〜6.4センチ（雄株はやや大きくなる）。葉の長さは5
〜8.5ミリ。酸性土壌を好む

苔に花が咲く？そんなこと、植物学的にあり
えない。しかし、*Plagiomnium ciliare*（和名
未定）の群落を観察すると、緑色の花が見えて
くる。実際には、その繊細な「花びら」は雄株
の葉で、雌株と決定的に違う点でもある（"*Vive
la différence！*" 違いに万歳！）。雄株の先端
には、愛らしい花のような造精器ができる。よ
く見れば、その中に暗色のボールがあるのがわ
かるだろう。大きな雨滴が当たればボールから
精子が飛び出すというわけだ。雌株の植物体は
維管束植物に似ている。*Atrichum angustatum*
（和名未定）が雄株と雌株で別々に群落を形成
するのに対し、本種は1つの群落に雄株と雌株
が同居する（"*Vive la joie de vivre！*" これぞ生
きる喜び！）。雄株と雌株が近くで生活してい
るので、生殖も容易だ。苔の常として、胞子体
は格別な美しさを見せる。

　Plagiomnium ciliare（和名未定）（かつては
Mnium affine という学名だった）の最大の魅力
は、透明な葉だ。1枚1枚の葉に近寄ると、き
らめく緑が透き通って見えてくる。酸性度の高
い肥えた土壌でよく育ち、自然界では北方針葉
樹林帯から沼沢地や川辺までと生息域が広いの
で、水の問題については頭を悩ませる必要はな
い。日陰を好むが、広い場所に植えて、苔のじゅ
うたんをつくることも可能だ。庭に植えたと
きは、水やりが欠かせない。乾燥すると葉が内
側に丸まってみずみずしさがほとんど失われる。
増やすときは、群落から小片を切り出して、こ
のかわいらしい苔を導入したい場所全体に少し
ずつ散らすとよい。

Polytrichum commune

[和名] ウマスギゴケ

[英名] ヘアキャップ・モス、オーンド・ヘアリー・キャップ・モス、ブルー・モス、ブルー・ヘアリー・キャップ

主茎の長さは5〜15センチ。葉の長さは6.5〜8.5ミリ。酸性土壌または石灰質土壌、アルカリ性土壌で生育する

Polytrichum属（和名：スギゴケ属）は、世界中で見られる苔だ。この抜群の繁殖力を誇る苔には、どんなに賛辞の言葉を贈っても足りない。Polytrichum commune（和名：ウマスギゴケ）は土砂の流出と闘う戦士なのだ。丈夫で長い仮根が維管束植物と同じくらいしっかりと、土をその場に固定する。汚染物質や毒物に直接さらされたときの生存能力も極めて高い。木立に日光を遮られた場所だろうが、南国の太陽が直接照りつける斜面だろうが、立派に生育する。

Polytrichum commune（和名：ウマスギゴケ）の群落

赤土から白砂、黒っぽいロームまで、どんな土壌でも育つのも頼もしい。生息域は北方針葉樹林帯、山地、プレーリーなど多岐に及ぶ。

厚く不透明で、先のとがった葉は、標準的な緑色ないし深緑色だ。新芽は前年に伸びた古い茎の褐色の先端から出るので、1年ごとにどれほど成長したのかがわかる。植物体は直立していることもあれば、うなだれるように倒れていることもある。乾燥すると、葉はほとんど退色して縮み、水分を逃さないように茎の周りにしっかりと巻き付く。こうした劇的な変化は見ていて楽しい。乾燥しているところに霧を吹きかけると、すぐさま元通りになるので、苔を操る魔術師を気取って、友だちをびっくりさせよう。1分足らずのうちに葉が開くのを見れば、みんな驚くはずだ。

胞子体は、北アメリカに生息する苔のなかでは長いほうだ。蒴柄は10センチくらいになり、先端につく蒴は成熟すると、特徴的な四角ばった形になる。ヘアキャップ・モスという一般名は、白い絹のような毛が蒴のふた（帽）に生じていることに由来する。つまり、毛（ヘア）と帽（キャップ）をつなげてヘアキャップ・モスというわけだ。18世紀の植物学者、ヨハン・ディレニウスは本種をすばらしいゴルディロックス（金髪）と呼んだ。Polytrichum属（和名：スギゴケ属）の苔は断片から増やせるが、胞子の拡散によって新しい群落を形成することのうまさでは、この苔の右に出る種はない。1つの蒴に100万の胞子が入っているので、思わぬところでPolytrichum属（和名：スギゴケ属）の

右　*Polytrichum juniperinum*（和名：スギゴケ）
左　*Polytrichum commune*（和名：ウマスギゴケ）の群落

群落に出くわすこともしばしばだ。
　植物体は直立性なので、互いに絡み合わないが、仮根は土にしっかりくっついて群落を形成する。北米で *P. commune*（和名：ウマスギゴケ）は分枝しない苔の中で最も大きな種とされている。非常に丈夫で、上を歩いても踏みつけてもダメージはほとんどないようだ。それなら、この苔を芝生のように使ったり、通り道に植えたりすればいいのではないかと思ったか人もいるかもしれないが、芝生の代わりにするなら、一定の高さを保つために定期的な刈り取りが必要になるだろう。
　Polytrichum 属（和名：スギゴケ属）を群落に足せば、手軽に厚みや高さを増やせるので使い勝手がいい。造精器は、目立つ赤色や黄金色、銅色を呈し、趣を添えてくれる。視覚的なおもしろさもさることながら、土砂流出の問題を解決するというメリットもある。
　Polytrichum juniperinum（和名：スギゴケ）も、*P. commune*（和名：ウマスギゴケ）と同じように扱うといい。この苔は、青みを帯びた緑の葉の先端が赤褐色になっているのが特徴だ。微妙な色合いは、葉の周囲がわずかに曲がっていることによる。葉は小さめで、直立すると *P. commune*（和名：ウマスギゴケ）よりもほっそりして見える。そのほか、同属の *P. ohioense*（和名未定）、*P. piliferum*（和名：ハリスギゴケ）、*P. strictum*（和名未定）は、胞子体の長さと蒴の形、植物体の高さ（主茎の長さ）などが上の2種とは異なる。

Rhodobryum ontariense

[和名] カサゴケモドキ

[英名] ローズ・モス

主茎の長さ1～3.8センチ。葉の長さは4～10ミリ。酸性土壌または石灰質土壌で生育する

水を含んだ状態のRhodobryum ontariense（和名：カサゴケモドキ）は緑色の花そのものだ。この苔の葉は、小さな花を思わせるロゼットを形成するが、ロゼットを除けば茎には葉がない。苔の常として、湿っているときと乾燥しているときで、外観は劇的に変わる。乾燥しているときは、葉は暗く濃い緑色になって巻き上がるか、縮れて茶色の小さな塊になってしまうので、存在を見落としてしまうほどだが、これに水をやって、目の前で葉が広がるところはまるで魔法だ。このように日照による乾燥には極度に敏感なので、日陰に植える必要がある。

葉がほとんど透明なところは、Mnium属（和名：チョウチンゴケ属）に似ている。胞子体は5センチくらいの長さで、Climacium属（和名：コウヤノマンネングサ属）と同じように、先端の1ヶ所から数本が出現する。萌は炎のようなオレンジ色になり、ぐっと頭を垂れる。Rhodobryum属（和名：カサゴケ属）の植物体は横に伸びる

根茎から直立するので、遠くから見ると群落が盛り上がっておらず、平らに見える。北米ではR. ontariense（和名：カサゴケモドキ）をヨーロッパに自生するRhodobryum roseum（和名：カサゴケ）と間違うことがしばしばある。両者の違いは、後者では1つのロゼットを形成する葉が16～21枚であるのに対し、前者は18～52枚もあることだ。ちなみに、わが家の庭のRhodobryum属（和名：カサゴケ属）はR. ontariense（和名：カサゴケモドキ）だ。ロゼットの葉の枚数を数えたから間違いない。

わたしの住むアパラチア山脈地方では、R. ontariense（和名：カサゴケモドキ）は木の根元や岩の上で生育している。わたしは以前、この苔が森の中に捨てられていた玄関用マットに生えていたのを見たことがある。Climacium属（和名：コウヤノマンネングサ属）と同様に、Rhodobryum属（和名：カサゴケ属）も養分豊かな腐植土でよく育つ。ヨーロッパでは、北へ行くほど胞子体の出現が少なくなる。わたし自身、この苔の胞子体を目にすることのできた機会はほとんどない。

群落はびっくりするほど美しく、これまた目にする機会はあまりないので、わたしはそっくりそのまま自分の庭に移植した。断片で増やす実験もしてみたいが、群落の一部を損なってまでやってみる気にはなれない。めったに日の射さない、風よけのある湿った場所に植えれば、うまく定着するだろう。庭に高貴な雰囲気を出したいなら、Rhodobryum属（和名：カサゴケ属）は華やかな苔として君臨するだろう。

Sphagnum palustre

[和名] オオミズゴケ

[英名] ピート・モス、ローズ・ピート・モス、ラスティ・ピート・モス、ポール・ホワイト・モス、ドローンド・キトンズ

主茎の長さは7.5〜25センチ。葉の長さは0.8〜3.2ミリ。窒素含有量の少ない酸性土壌で生育する

Sphagnum属（和名：ミズゴケ属）は世界中で200種以上が知られており、Sphagnum palustre（和名：オオミズゴケ）はそのひとつだ。本書の「はじめに」の部分で、Sphagnum属（和名：ミズゴケ属）の生息する泥炭地がわたしたちの環境にとって価値あるものだということは詳しく述べた。では、あなたの庭でこの苔をどのように育てたらいいのか、見ていくことにしよう。この苔の場合、個々の植物体が絡み合って群落を形成することはなく、不規則にばらばらと群生する。植物体のてっぺんには分枝が密集し、花のような姿を見せる。この"花"はさまざまな色合いに変化し、S. palustre（和名：オオミズゴケ）の場合、日陰では緑色、日なたでは銅色になる。ほかのSphagnum属（和名：ミズゴケ属）も、緑色から金色、茶色、赤などの色を示し、中には色がほとんどない白っぽい種もある。寒くなる時期や陽ざしの強いところでは色が濃くなるようだ。S. magellanicum（和名：ムラサキミズゴケ）とS. rubellum（和名：ウスベニミズゴケ）は、淡いピンクから深紅色までの変化がすばらしい。

Sphagnum属（和名：ミズゴケ属）は湿った環境を好み、沼地や山間の沢地で見られる。大量の水を保持する能力があり、乾燥時重量の約3分の1の水を貯水細胞と呼ばれる特殊な細胞に貯め込むことができる。豪雨後の群生は、たっぷり水を含んでぐしょぐしょだ。乾燥すると退色するが、クッションのような感触は維持される。この苔は、池の縁、沼地、小川の土手に並べて植えよう。水分を好むコンパニオンプラ

ンツを植えれば、苔のために日陰を作ることができる。苔の茎が水に触れるようにしておくと、水分をよく吸収する。本種は窒素含有量の少ない土壌で生育するため、肥料を与えないことが大切だ。とくに、カルシウムを含む肥料は命取りとなる。

胞子体は背が低く、ライフサイクルの中での期間も短い。水を含んだような透明な蒴柄と、丸くて黒い（ないしは褐色の）蒴を見ることができたらラッキーだ。Sphagnum属（和名：ミズゴケ属）が胞子体を生じること自体、とても珍しいことなのだから。この苔が無性生殖を偏好する原因については、現在研究が進められているところだ。

Sphagnum属（和名：ミズゴケ属）の上を歩けば、波打つ雲海の上を漂っているような感覚を味わうことができるが、そのためには他人に踏まれることがほとんどないような場所に植えたほうがいい。群落を形成しないので、よく育った群生でも簡単にばらばらになってしまう。

Thuidium delicatulum

[和名] コバノエゾシノブゴケ

[英名] デリケート・ファーン・モス、ログ・モス、シート・モス、
主茎の長さは2.5〜10センチ。葉の長さは約0.8ミリ。酸性土壌で生育
する

ガーデナーのために

知りたい！育てたい！25の苔

繊細に分枝するThuidium delicatulum（和名：コバノエゾシノブゴケ）は、こびとの国のシダを思わせる。ルーペを取り出して近くでよく見てみれば、苔の"葉"だと思っていたのが実際は1本の苔で、1本の苔にごく小さい葉がびっしりついているのがわかるだろう。Thuidium属（和名：シノブゴケ属）は、見た目は繊細だが、しばしば苔のじゅうたんに用いられているくらい、とても丈夫だ。わたしが住んでいる地域では、グランドカバーに利用する例が少なくない。育ちにくい環境では、頑として横に成長し、ほかの苔を侵害しようとする。直立性のDicranum属（和名：シッポゴケ属）やLeucobryum属（和名：シラガゴケ属）の群落に這い上がって包囲し、自分が成長するための土台にしてしまうのだ。わたし自身、一度ならず、この苔に庭のデザインをだめにされたことがある。あれは、庭が雪で覆われているときのことだ。Ceratodon属（和名： ヤノウエノアカゴケ属） とLeucobryum属（和名：シラガゴケ属）を渦巻き模様に植えていたのに、雪が解けたら両者を分ける線がなくなっていたのだ。Thuidium属（和名：シノブゴケ属）のしわざだ。

季節と日照によって、Thuidium属（和名：シノブゴケ属）のじゅうたんは華麗な緑色になったり、 魅力的な黄色になったりする。Hypnum属（和名：ハイゴケ属）と同様、この苔も日照量に対する感受性がとくに高い。わたしが住んでいるところでは、年間を通じてだいたい緑色をしているが、木々が葉を落としたとたん、2〜3日でエメラルドからゴールドの輝

きに変わる。わたしの苔ナーセリーでは、黄金色になったThuidium属（和名：シノブゴケ属）のマットを日の当たる場所から日の当たらない場所に移動したところ、5日ほどでかなりの部分が緑色を取り戻した。水分のある状態では色調が濃くなる。ほかの苔の場合、水分が増えると透明度が増すのだが、この苔の場合は不透明になり、光沢が抑えられて濃い色合いになるのだ。乾燥すると、葉はわずかに縮む程度だが、明らかに乾燥しきった色味になるので、ひと目でわかるだろう。胞子体は成熟する過程でさまざまな色に変化するが、最終的には黄金色を帯びた銅色になる。

Thuidium属（和名：シノブゴケ属）は世界中に生息し、T. delicatulum（和名：コバノエゾシノブゴケ）も例外ではない。もちろん、わたしの住んでいる地域でも見られる。いろいろなものの表面を生活の場とし、生きた木の表面でも腐った丸太でも育つことができる。日陰の湿ったところの壁や舗装面を這うように育つのも得意だ。土（酸性土壌が望ましい）に直接植えてもよいが、砂利や岩でもよく育つだろう。どのような設計の庭にも適しているし、どんな場所にも植えられる便利な苔だ。日陰を好むが、前述のとおり、一時的に日光に当たったりするのには耐えられる。水分の多い場所でよく育つので、追加で水やりをすると早く広がるだろう。水のある場所、たとえば、噴水や滝の近くに植えれば理想的だ。

この苔を、手軽に印象的に見せるには、苔マットを複数、端をジグソーパズルのピースのよ

うに組み合わせて並べよう。群落が互いに結び
ついて1つになり、壮麗な緑色（金色の場合も
あり）が一面に広がる。別の方法として、地面
に直接断片を散らしておけば、2〜3年で同じ
ような結果が得られるだろう。実のところ、わ
たし自身は6カ月足らずで満足な結果が得られ
た。秋に植えたのがよかったのだろう。鳥がや

ってきて、巣作りのために断片をさらっていっ
たり、厚いマットの下をねぐらにしている虫を
取ろうとしてマットを荒らしたりすることもあ
るので注意しよう。

苔でデザインする

コンセプトから
庭園の計画へ

計画を成功させるには適切な苔を
選ぶことが重要だ。*Atrichum
angustatum*（和名未定）は日陰
でも日なたでも、また、状態が最
悪の土壌でも生育する

あなたの庭に適した苔はいくらでもあるとわかって、頭はすでにフル回転しているところではないかしら？　苔を庭に植えることを考えていると、つい、夢中になってしまう。はやる気持ちを落ち着けて、「やりたい！」を実現するための計画を立てよう。いいデザインが頭の中でまとまったら、見た目の美しさと同時に機能面についても考える必要がある。

壮大な計画を実行に移す前に、あなたが使える時間と労力、予算のほか、苔を植える場所や、植えたい苔がそこに適しているかどうかを正確に見積もろう。これらを踏まえて、計画が実現可能と判断したら、第一級の苔庭に欠かせない要素を具体的な形にまとめていこう。庭の動線、全体のバランス、求める質感、ポイントとなる場所、苔と相性のよい植物などなど、考えるべきことはたくさんある。

苔庭のコンセプトを考えるときは、戸外の居住空間としての使いやすさだけではなく、心が落ち着く場所として楽しめるように工夫したいもの。デザインに磨きをかけるなかで、前述の要素に配慮しながら、機能と芸術性をうまく融合させよう。この苔庭は、日々の生活の喧噪からいっときの逃げ場を与えてくれる場所になるのだということを忘れないで。家の中からの眺めまで考慮すれば、悪天候で家を出られないときでも、絵のように美しい苔庭のみずみずしさが心を癒やしてくれるはず。外観を詰めるのは最後の仕事だ。奇抜な趣向を好むにせよ、均衡のとれた正統性を重視するにせよ、まずは庭という限られた場所の気候条件を把握し、必要な対策について考えることが先決と言える。

苔を植える場所を決めよう

広大な土地の所有者でも、猫の額ほどの前庭しか持っていない人でも、苔を植えたい場所は必ず見つかるもの。ときには、場所のほうが苔の助けを必死で求めてくることもある。長年何かを育てようとして失敗してきた日の当たらない木陰や、土砂崩れに悩まされている切り立った斜面などは、手を差しのべるべき場所だと言える。魂へのささやき、あるいは直観が苔を植えるべき場所へと導いてくれるかもしれない。環境的な問題を解決しながら見た目にも美しい庭を実現するには、長期的に苔の生育に影響を及ぼしそうな要因を正確に把握することだ。

苔を植える場所を決めるには、日照や湿度など、苔に関係のある点を一つひとつ見ていけばいい。この先発生する可能性のある問題も知っておけば、場所の選択（あるいは植えたい苔に合うように場所を調整する方法）について、よりよい判断ができるだろう。問題点を解決できることもあれば、そのまま受け入れざるを得ないこともある。後者の場合、植え方を工夫するか、別の苔を選ばなくてはならない。

バージニア州リッチモンドにあるノリー・バーネットの苔庭。苔のじゅうたんが木立や茂みを引き立てている

日光の当たり方を考えよう

苔を植える場所を探すとき、まず最初にわたしは空を見上げる。苔庭の候補地が太陽の軌道に対してどちらを向いているかで、苔が1日にどのくらいの日光を浴びるかがわかる。次にコンパスで方角を確かめよう。旧式のコンパスでもいいし、スマートフォンのアプリケーションを利用してもいい。今なら季節ごとの太陽の軌道を追えるアプリだって入手できるのだ。朝から夕方まで、どこに何時間日光が当たるか確かめよう。北半球では北向きの場所は南向きの場所より湿気がこもりやすい。木立の北側で苔を育てるという考え方は正しいが、わたしの住む地域では、西向きでも東向きでも南向きでも苔は育っている。だから、森から庭に移植するときはアプリ（Sun Scoutなど）に頼らなくてもよい。

日陰なのに、特定の時間帯に木漏れ日を受けて温度が上がったりする場所はないか、気をつけよう。わたしの苔庭は家の前にあり、おおむね西向きだが、1カ所だけ午後の陽ざしをダイレクトに北側から受ける。年間を通じてこの状態は変わらないので、夏の間にときどき起こる集中的な強い陽ざしに対処しなければならない。日陰であっても、ピンポイントで日が射す場所があるなら、そこには日光に耐えられる苔を植えなければならないのだ。

空を見上げながら、周囲の木々についても観察しよう。隣家の木があなたの庭に陰を作るかもしれない。それが落葉樹（毎年、秋に葉を落とす木。楓、オーク、ポプラ、ミズキなど）かどうかにも注意しよう。住んでいる地域にもよるが、往々にして木々が葉をつけている時期はつけていない時期よりも短い。だから、年間を通じてみれば、落葉樹の葉で日陰になる場所は、そうではない日陰よりも日光をたくさん受けることになる。わたしが住んでいる山岳地方では、春の中盤に木々が緑色になり始め、秋の中ごろから終盤まで葉がよく茂る。その後、2週間ほどの間におそろしい勢いで落葉する。このよう

に、一斉に丸坊主になる北部の木とは違って、南部の木（とくにオークなど）では冬の間も葉が残り、冬の終わりから春の初めにかけて落葉する。

もうしばらく上を見ていてほしい。常緑樹はないだろうか。マツ、カナダツガ、モミ、トウヒなどの針葉樹のほか、広葉樹でも、モクレン、ユーカリ、ヒイラギ、ライブオークなどは一年を通じて葉をつけている。常緑樹は四季を通じて日陰を作る。苔はこうした木々の下でよく生育する。常緑樹も苔も酸性土壌を好むからだ。さらに、マツやカナダツガの葉が落ちる場所は水はけがよく、*Leucobryum*属（和名：シラガゴケ属）や*Dicranum*属（和名：シッポゴケ属）にとっては好ましい環境だ。数カ月にわたって雪が残るところでは、木々が作る日陰を重視しなくてもよい。雪に覆われるため、日陰はそれほど重要ではないのだ。

木が葉を落とすと、苔が受ける日光の量が大きく増えるので、自然の落葉ばかりでなく、病気や害虫による落ち葉にも注意していなければならない。わたしが30メートルにもわたって苔を植えた場所には、3本のバージニアマツがすてきな日陰をつくっていたが、1カ月もしないうちにその2本を切り倒さなければならなくなった。マツクイムシの害に遭ったからだ。木を食す害虫はほかにもいる。ツガカサアブラムシはわたしの大好きなカナダツガを台無しにし、かつては王者の風格を誇った森を、斜面一帯に灰色の幽霊がさまよっているような景観に変えつつある。こうしたエピソードから得られる教訓は、苔庭に木を植える前に、害虫や病気の可能性についてもしっかり調べておくということだ。

丈の低い木や、木質性の茎を持つ大型の草花やシダは苔に影を落とす。垣根からも影ができる。

上　日陰だと思った場所が常に日陰だとは限らない。わが家の庭でも、時間帯によっていろいろな場所に日光がスポットで当たる

下　がっしりしたオークのように高く成長したシャクナゲは、足元の苔に四季を通じて影を落とすので、苔は枯れずにすむ

苔で土手をつくろう

"Joy, pure joy.（楽しもう、純粋に楽しもう）" この3つの単語は、ノースカロライナ州ブレバードに住むジョージとキャロルのビッカリー夫妻のモス・ガーデニングを象徴している。一緒にガーデニングをすることが常に結婚生活の一部だった2人は、かつてフロリダで手入れの行き届いた素朴な庭を造ろうと努力していた。今にして思えば、あまり楽しくない仕事だった。照りつける太陽の下、互いに愚痴をこぼし合いながら、ありとあらゆる「園芸上手になるための」化学物質を使い、枯れた花を取り除き、広大な芝生を刈っていたという。

キャロルもジョージもモス・ガーデニングの楽しさを知ってからは、すてきな笑顔を見せるようになった。ジョージは少年の頃、夏になると決まってニューオーリンズからノースカロライナの山を訪れ、苔にも興味を抱いていた。キャロルはセントルイスの生まれで、山歩きをしながら、苔やシダに親しむようになった。自然の豊かな地方に住みたいという共通の夢があったので、リタイア後はコネスティー・フォールズへ引っ込んだ。苔に関しては世界で最も理想的な土地のひとつだ。このときはまだ、緑一色の老後を送ることになるなんて、2人ともまだ気づいていなかった。

せっかく苔が豊富な環境に引っ越したのだから、新たに庭をつくるときは苔を使おうと2人は決めていた。家の敷地と隣接する森との境界をぼかすことによって、自然とのつながりを強調したいと考えたのだ。2人には苔についての素養があったので、石だらけの斜面や囲い壁に苔を植えるところをイメージできたという。家の裏手にあった高さ3.5メートル、幅20メートル弱の土手に土砂崩れ対策を施すことと、無骨な外観を隠すことが、機能面での優先事項だった。また、サンルームから見える一面の赤土を、かわいらしい緑の世界に変えて孫に見せたいという願いも持っていた。苔はそうした望みをすべてかなえるものだった。

わたしのコンサルティングを通じて、2人は敷地内ですでに育っている苔は何か、意図した場所に植えられる苔はどれかを理解した。このモス・ガーデニングについての個人授業の後、2人はついにスタートを切った。順序立てて、敷地の端にある古い材木運搬道から苔を集め、特殊な苔はわたしから購入した。石だらけの土地には、2年ほどで苔が根づき、苔むした丸太が趣を添えている。家の裏手の60〜70°の急斜面も、今では苔でしっかり覆われた土手になり、土砂崩れの問題は落ち着いている。2人は仮根が地につくように金具や小枝で*Thuidium*属（和名：シノブゴケ属）の群落を押さえた。ジョージは孫のために特別なおとぎの国の苔庭も家のそばに造り始めた。

ジョージもキャロルも、従来のガーデニングほど苔庭の世話に手を焼いていない。わたしのアドバイスに従って、できるときに水やりをして苔の上を歩く程度で、いい結果が得られている。一面に広がる緑の苔は、庭という空間と自然の景観を結びつけている。キャロルは満足げにこう言うのだった。「苔庭を持つって、本当にすてき！」。

ビッカリー家に新しく造られたおとぎの国の庭。孫たちのお気に入りの遊び場だ

ジョージとキャロルのビッカリー夫妻は苔庭をつくる楽しさを味わい尽くしている。ノースカロライナ州ブレバードにて

一方で、大きなはめ殺し窓や白い壁は、意図した場所に日光を反射させることができる。隣家から日光の影響を受けないか、自分の敷地外の環境についてもチェックすることも忘れずに。

環境を調べよう

敷地をくまなく調べつつ、土地環境にも注意を払ってほしい。ぬかるみはない？地表はでこぼこ？それとも平ら？土砂崩れを起こしたことのある急斜面はない？斜面の雑草を取り除くのが困難だったりしない？そうした場所では*Polytrichum*属（和名：スギゴケ属）や*Atrichum*属（和名：タチゴケ属）が問題解決に役立つだろう。激しい雷雨のときに、雨水がほとばしる場所はないだろうか。捨石で水をうまく処理するのもいいけれど、岩の上で生育する*Thuidium*属（和名：シノブゴケ属）や*Bryoandersonia*属（和名未定）の苔を植えてみてはどうだろう。溝を緑化できるし、水流もゆるやかになる。

低地は水が溜まりやすい。そのせいで多くの植物は根腐れを起こすが、水の多い場所が好きな*Plagiomnium*属（和名：ツルチョウチンゴケ属）や*Climacium*属（和名：コウヤノマンネングサ属）の苔にとっては、沼のように水浸しになった場所は理想の住処だ。水はけばかりでなく、大気中の水分についても考慮しよう。高山地帯に住んでいるなら、雲からの濃い霧が苔を潤してくれるだろう。川や湖のそばの土地でも、朝露や低く垂れ込めたもやが苔庭に水分を恵んでくれる。

自然に岩の上で成長する苔もある。この石の堰には*Ceratodon*属（和名：ヤノウエノアカゴケ属）、*Entodon*属（和名：ツヤゴケ属）、*Hedwigia*属（和名：ヒジキゴケ属）、*Plagiomnium*属（和名：ツルチョウチンゴケ属）の苔が植わっている

気候・天候を知ろう

当然ながら、天候のパターンは苔の成長と繁殖に影響する。広範囲な気候も、局所的な気候も、水分の得やすさ、最高気温と最低気温、日照が大きく関わっている。住んでいる地域の天候について、統計を取ってみよう。日ごと、月ごと、年ごとの気温の幅はどのくらい？年間降水量は？とくに雨の多い時季がある？雪はどのくらい降る？その雪はすぐ解ける？あるいは冬の間ずっと残る？降雪の状態は、苔が成長するか休眠するかに関わってくる。苔が寒さで枯れる心配はないが、寒すぎるとストレスになって休眠してしまうことがあるのだ。また、春になって雪が解けたときの影響も考えたい。凍結防止のためにまいた食塩が害をもたらすこともあれば、庭に過剰な雪解け水が流れ込むこともある。風によって苔は乾燥しやすくなるので、風向きや風速にも注意を払おう。

あなたの土地に水分を保持できる隙間はあるだろうか？引き込み道にひびが入っているかもしれないし、角地は雨が溜まりやすいかもしれない。そういう場所は苔に向いている。はたまたある一角だけ、通気性が悪く、局所的に高温になることがあるかもしれない。そんな場所にも適した苔はある。*Bryum*属（和名：ハリガネゴケ属）、*Ceratodon*属（和名：ヤノウエノアカゴケ属）、*Entodon*属（和名：ツヤゴケ属）などは、高温になる舗道でも生きることができる。ほかにも、気に留めるべき要素はたくさんある。たとえば、コンクリートやブロックの垣根は周りの温度を上昇させる。雨天時は、屋根などの硬い表面に水があふれてさまざまな被害をもたらすが、こうした場所に苔を植えておけば、水の勢いを緩和して被害を抑えることができる。

前から生息する苔について知ろう

庭を観察するとき、宝探しもしてみよう。苔はどこで見つかるだろうか。芝生の中？木の幹や根元？敷地の端？雨樋の角？エアコンの室外機の周辺？岩壁の割れ目？排水溝の中？苔がすでに生育していそうな、奥まった場所や隙間に目を向けるとよい。日なたで見つかる苔もあれば、日陰で見つかる苔もある。苔が住処にしている場所の局所気候にも注意すること。ごく単純な話だが、その土地にすでに生息している苔は、うまく定着してくれる見込みが高い。

水源と電力を確保しよう

庭の調査では、水源の位置もチェックしよう。上水を引いた屋外の水道栓、雨水を貯めるところ、池や川などが近くにあれば好都合だ。加えて、電源がとれるとなおよい。電動のガーデニングツールが使えれば、ガソリンエンジンのリーフブロワーを使わずにすむ。

苔を脅かす植物を知ろう

苔を脅かそうとする植物や雑草にも意識を向けよう。苔を維持していくうえで、近い将来、間違いなく浮上する問題だ。侵略的な植物を挙げれば、かなりの数になる。住んでいる地域で侵略性が懸念されている植物にはどのようなものがあるか、調べてみるといいだろう。侵略的であることが判明した植物は取り除こう。残念なことに、成長した植物は根絶させるのが難しい。ここで、ちょっとしたアドバイスを。侵略的植物を買わないよう注意しよう。種苗店やホームセンターが売っているのは、あらゆる種類の侵略的植物と、美しい花と葉をつける雑草だということに気づくだろう。数年前、わたしは山の斜面を落ち着かせようとして、*Vinca minor*（和名：ヒメツルニチニチソウ）を植えるという失敗を犯した（というのも、青紫色の花が気に入っていたからだ）。今では、苔の中からこの侵略的なグランドカバーを引き抜く作業にうんざりしている。花壇に植える植物としては、*Liriope muscari*（和名：ヤブラン、英名：モンキー・グラス、リリー・ターフ）が人気だが、こちらも要注意。ヤブランは侵略的植物に分類されてはいないが、掘り起こすのが非常に困難で、頑としてその土地に居座り続ける。

コンセプトから庭園の計画へ

苔でデザインする

Houstonia caerulea（和名：トキワナズナ）など、もともと生えている生命力の強い植物には要注意。小さな葉と青い花は春には見栄えがするが、グランドカバーにすると苔をすっかり台無しにしてしまう

　どこにでもはびこる侵略的植物（たとえば、アメリカでふつうに見られる*Hedera helix*（和名：セイヨウキヅタ）など）が存在する一方で、その地域、その地方、その国に固有の侵略的植物もある。残念なことにわたしたちは、景観をよくするために、あるいは農業上の問題を解決するために、侵略的だとわかっている植物を導入し、それらを受け継いできた経緯がある。アメリカの有名な造園家、フレデリック・ロー・オルムステッドは1865年にヨセミテ渓谷に関する報告書の中で、侵略的植物による生態系の破壊を指摘し、この問題に警鐘を鳴らしている。しかし、オルムステッドが庭園設計の際に推奨している植物のうちのいくつかも侵略的であることが、今となってはわかってきている。セイヨウキヅタ、セイヨウイボタノキ、スイカズラ、ツルウメモドキ、ノイバラなどだ。これらの植物は、ケンタッキー州ルイビルのイロコイ・パーク、ニューヨーク市のセントラル・パーク、ノースカロライナ州アシュビルのビルトモア・エステートに植えられ、印象的な景観を作っているが、近隣の森林、野原、道端にまで這い出している。幸い、わたしは祖母からツタとのつき合い方を聞いていた。ツタは厄介者だから、植えるべきではないと。それでも、周囲の森からわたしの苔庭に攻撃的に入り込んでくるツタ

には悩まされている。

　アドバイスをひとつ。攻撃的な性格を持つ在来種は、侵略的植物の分類には含まれていない。ひどい目に遭って、わたしはそのことを知った。山の中で*Houstonia caerulea*（和名：トキワナズナ）を見つけ、小さな青い花をつけるこの植物なら、ほかの植物を引き立てるグランドカバーになるだろうと思った。が、大間違い。かわいらしさとはうらはらに、庭に植えた*Houstonia caerulea*（和名：トキワナズナ）はわたしの苔を侵害し、どんどん広がり始めた。取り除くのはほぼ不可能だった。細かい根が苔の群落に入り込んでいたからだ。わたしは今、この植物に覆われた苔をまるごと掘り出すという強硬手段を講じている。

　あなたが住んでいる地域でよく見られる侵略的植物は何だろう？責任を持って庭を管理したいなら、何よりも、侵略的植物を植えないことだ。モス・ガーデナーなら、侵略的植物が苔を負かしてはびこるのを見て嫌な気持ちになるだろう。地域の侵略的植物や雑草についてもっと情報を得るためには、ランドグラント大学[※]や農業団体、地元の植物愛好家グループのウェブサイトなどを見てみよう。

※ 農学、軍事学および工学を教える高等教育機関を設置するために、連邦政府所有の土地を州政府に供与すること等を定めたモリル・ランドグラント法の適用を受けている大学

143

上　異なる苔を組み合わせた斬新なデザインを生み出す苔アーティストになろう
下　池の眺めを楽しめるように、苔と石の小道が造られている。バージニア州にあるノリー・バーネットの庭

庭のデザイン

徹底的な土地の調査が終わり、モス・ガーデニングを成功させるポイントがわかったら、いよいよ庭をデザインするときだ。風格ある庭園をプロにデザインしてもらうのもいいが、目的に合わせたラフスケッチを自分で引くことも楽しい。経験豊かなガーデナーなら紙にアイディアを描き出さなくても、どのような景観になるかイメージできるだろう。計画を立てるときは、購入する苔やそれと相性のよい花や木、水やりの設備などを予算の範囲内で組み立てることが大切だ。苔庭をイメージするときは、環境の問題を解決し、心安らぐ場となるようにプランを練ろう。

「苔を楽しむ」設えをつくろう

頭に浮かんだアイディアを具体的なデザインに落とし込む際は、次のことを忘れないようにしよう。まずは「機能」ありき。「形」は「機能」についてくるものだ。すべてのデザインコンセプトは「苔庭を楽しむ」という目的にかなうものでなくてはならない。入り口や通り道はもちろん必要だし、腰を下ろして苔庭の静寂に身を浸すことのできるような場所も欠かせないだろう。入り口は、ゲストが思わず誘い込まれるようなものでなくてはならないし、歩道や小道はあなたが見てほしい場所へとゲストをさりげなく誘導するものでなくてはならない。なお、歩道にはそこそこ踏まれても平気な苔を植えるといいだろう。

バージニア州エデンウッズのノリー・バーネットの苔庭には、すてきな苔の小道があり、訪れた人をさまざまな見どころへ導く。ジョン・クラムとマット・チェンバースの本拠地、ケニルワースでは、1.6キロもある苔の道をたどっていくと、すばらしい庭に出る。その庭には、米国の著名な芸術家による彫刻作品が展示されている。対照的に、ウィスコンシン州のデール・シーバートの庭には、木のチップを敷き詰めた道が通っている。その道は、小さな苔の丘や苔のカーペットを配した多くの庭、ギボウシの群生、鮮やかな色の花の群生、東洋の影響が見られる池といった、心そそられる場所へと続いていく。

小道、踏み石、ベンチは、わたしの庭の中でもとくに機能を意識している要素だ。息子のカーソンに手伝ってもらって、石の小道と踏み石を配置して、ゲストをいろいろな方向へ導いている。とはいえ、苔のカーペットを存分に楽しむためには、靴を脱いで道から外れてもらわなければならないのだけど。ベンチなどの腰をおろせる場所では、人生を静かに見つめる機会とくつろぎを提供している。今では、石の小道にまで苔が入り込んでいる。何年もかけて、取り除いた雑草の根にくっついてきた苔の断片をあちこちの小石の中に投げ込んだからだ。小道には苔が定着して自然な感じが出ている。

庭のエントランスには、木材切り出しコンテストで入手したポプラの円盤（丸太を横にスライスしたもの。クッキーとも呼ばれる）を並べ、木組みの門を通ってゲストを庭の中へと導いている。この門は、地衣類で覆われたアメリカシャクナゲの枝で自作したものだ。この小道からは、2つの貴重な教訓を得た。1つ目は、胞子体が発芽したばかりの苔の上にポプラの円盤を並べると、とても滑りやすいということ（わたしがミルクセーキ法（180ページ参照）を試した場所はとくに）。今は苔がうまく円盤を覆っているので、うっかり足を滑らせて転ぶという危険は去った。2つ目は、本当にびっくりしてしまう教訓で、紫色のペンキ（なんと、マニキュア液のようなてかてかの）を塗った壁のほうが自然の丸太のでこぼこした表面よりも早く苔が生育したのだ！

使い勝手がよく、魅力あふれる生活空間を戸外に作るために、石や煉瓦を取り入れようと考えている人もいるだろう。石畳や煉瓦、コンクリートで舗装したパティオは、楽しいひとときを過ごすのにうってつけの場所だ。また、大きな岩は椅子代わりになるし、庭にスケール感とドラマティックな表情を添える。石や煉瓦の囲

いは、注目してほしい区画を強調するのに便利だ。低い壁なら腰かけることができるし、高い壁なら目隠しになる。なお、たき火用の穴があるなら、その周りに苔を植えるのはやめておこう。火の粉が苔に降りかかるといけない。

　噴水や池、小川、滝などがある庭は、周囲の騒音をかき消してくれるばかりでなく、さまざまに形を変える水のおもしろさを味わえる。苔は、こうした場所にも独特の古めかしさを添えてくれるだろう。水の周りに生育する苔は、自然の作り出した装飾品だ。考えてみれば、苔の生えていない自然の滝なんて見たことがないのでは？水辺と苔は切っても切り離せない存在なのだ。

　仕事をしていると、「座って、一息入れよう」という場面がある。そう、座ることには重要な意味があるのだ。新しく作った苔庭に、ひとやすみするためのベンチや岩、屋外用のテーブルセットを置いて、庭をもっと楽しもう。わたしの庭には隣人のトミーから贈られた石のベンチのほか、苔で覆われた月桂樹とシャクナゲで作ったベンチ、苔を美しくまとった切り株、大好きな紫色のロッキングチェアがある。お気に入りの足載せ台はふかふかに盛り上がった *Dicranum* 属（和名：シッポゴケ属）の苔だ。自然に親しむために、低いベンチがもみじの下とシャクナゲのアルコーブにも配置してある。

　見るべき場所を強調するスポットライトをプラスして、夜の苔庭も楽しみたい。投光器を使って、庭の起伏を強調するようにライトを当てよう。配線で電気をとる照明と、電池で起動するLEDまたは太陽光発電の照明を夕方の散歩道に並べたい。伝統的な日本の庭の雰囲気を出すなら、照明は石灯籠だ。異次元体験を狙うなら、道に夜光石を散らしておこう。夜光石は樹脂製またはガラス製の模造石で、太陽光を蓄積して夜になると光を放つ。満月の夜に庭を歩くと、くっきりと盛り上がった苔やその稜線が見えて、驚くこと請け合いだ。

デール・シーバートの庭には木のチップで覆った小道がある。道の曲がり角では、苔とさまざまな種類のギボウシが目を楽しませる

苔を植えた250以上のコンテナのひとつ。デールは苔のコンテナガーデニングの第一人者であり、雑草除去班の班長だ

思い通りに苔をデザインするには？

ウィスコンシン州ウォキショーのデール・シーバートは1969年以来、木のないやせた土地をみごとな庭に変え続けている。前庭には花壇を対称に配置し、煉瓦の道がそれらを取り巻いている。裏庭では、100種以上のギボウシと30種あまりの苔に縁取られた自然の小道が、オープンテラスや水辺のある庭、そして彼が丹精を込めた日本風庭園へとゲストを導く。苔を造園に採り入れているだけではなく、デールは苔のコンテナガーデニングの第一人者でもある。苔を植えた250個以上のコンテナが、14の異なる庭に、完璧に配置されているところを想像できるだろうか。

デールの初期のデザインは、アラバマ州モービルのベリングラス・ガーデンからインスピレーションを受けたという。この庭園の、楕円形の大芝生に強い印象を受けたそうだ。後にバージニア州のウイリアムズバーグへ旅行したことで、造園に対する熱意はさらに高まった。デールには、計画やデザインを書き出したりしなくても、理想の庭に必要な要素がすべてわかるという。「どういうことになるか、頭の中で見えるんだ」と彼は笑う。

2005年の夏、ウィスコンシン州中部のフォックスファイヤー・ボタニカル・ガーデンを訪れた彼は、そこで見た小さな日本庭園に刺激を受けた。苔の群落をまとう巨石に落葉樹林からの木漏れ日が射す光景に心を奪われたのだ。ほどなくデールは、積極的に苔を取り入れて、彼自身の日本風庭園を造り始めた。近隣で見つかる苔を移植し、生育環境も整えた。苔が自然に入り込んで育つのを待たずに、群落が近接するように植えたので、満足な状態を得られるのは早かった。

2007年以降もデールは苔を導入し続け、庭の苔の面積は広がっている。旅行先の日本から帰って以来、再び忙しい日々を送っているが、竹とお気に入りの苔を用いて、水辺をポイントにした新しい庭をつくっているところだ。お気に入りの苔は、前章で触れた*Anomodon rostratus*（和名未定）で、石灰質土壌で豊かに生育している。*A. rostratus*（和名未定）の新芽は力強い黄緑色で、成熟した群落は丸く盛り上がる。動きのある外見になるので、デールは平らな緑のカーペットとの対比を好んでいる。

デールはテクニカルライターでありエンジニアでもあったが、そのキャリアから身を引いた後は、独力で庭造りと維持管理にはげんでいる。週に1度は見回りに出て、雑草を見つけ次第、取り除いている。「こまめにごみを取り除かないと、すぐに見苦しいことになってしまうのだ」とデールは語る。水源を雨に頼っているので、夏場は苔が乾燥して休眠状態になる。庭を見に来る人があるときだけ、散策前に水をやって苔を元気づけているそうだ。その際は井戸水を使うので、水に溶け込んだカルシウムイオンやマグネシウムイオンが、苔の群落に悪い影響を与えないか気にしている。一方で、コンテナに植えた苔には定期的に水を与えている。

苔の話をすると、デールはいつも悲しそうに言う。「63歳になるまで苔のよさを知らなかったのは、なんとも残念だ。自分は今、71歳だ。生まれ変わったら、子どもの頃から苔に親しみたい」

苔とのコントラストを強調するように石が配置されている

正しい場所に、正しい苔を！

　ガーデニングの達人は「植物の個性を生かし、その植物に合った環境で育てる」というルールを守っている。これはいろいろな点で、「機能と形の調和」を再確認させるものだ。わたしたちモス・ガーデナーも、このルールに従おう。適切な場所を選ぶときに外せないのは、庭の中で水分が溜まる小さな隙間など、苔の生育を促す場所を特定することだ。そのほか、日陰でしか生育しない苔、部分的な日照には耐えられる苔、直射日光でも平気な苔などを知っておくと、"正しい場所に、正しい苔を"植えることができるだろう。実をいうと、少しくらい問題のある場所でもモス・ガーデニングは簡単に始められる。まずは初心者への基本的なアドバイスを——日陰を選ぼう。

　"正しい場所"については、こんな話もある。多くのモス・ガーデナーが、苔を針葉樹の下に植えるとうまく育つと報告している一方で、絶えず針葉を落とす木の下は避けるべきだというモス・ガーデナーもいる。針葉を片づけるのはまったく嫌になる。常緑樹が常に葉をつけているからといって、葉を落とさないと思ってはいけない。秋に、わが家の苔のじゅうたんに積もる金色の松葉の95パーセントは、隣家の庭からのものと思われる。問題が起きるわけではないが、短い針葉は秋以外の季節にも落ちてくる。

　要するに、どんな木の下に植えてもメンテナンスは必要だと考えておいたほうがよいだろう。落葉樹の下は、思った以上に落ち葉を片づける手間がかかる。ある日、わたしは苔庭全体のごみを一掃したことがあったが、次の日にはもう、茶色の葉が緑のカーペットを覆っていた。風の強い丘の斜面を苔庭にすれば、ほとんどの落ち葉が吹き飛ばされるので、いくらかは手間が減るだろう。

　覚えておこう——果樹やナッツの木の下で、苔はよく育つ。だが、あなたもきっと見たことがあるように、ナッツの木の下ではリスがナッツの殻を散らかしていくものだ。確かに見た目

上　苔と石畳からなるすばらしい景観
下　ケニルワースの苔庭にある石段。苔が柔らかい印象を添え、古めかしさを醸し出している

滝のふもと以上に苔庭に適した場所があるだろうか。この理想の空間は、
ノースカロライナ州サファイアのキャンプ・メリー・ウッドにある

上　ごく狭いスペースしかないのなら、苔を楽しむためにプランターを利用したり、コンテナガーデンにする手もある
左　木の下に苔を植えたら、定期的に落ち葉などのごみを片づけなければならない

は汚いが、それでもやはりクルミの木の下は苔にとって"正しい場所"なのだ。ほかの植物がまず育たないクルミの木の下で、*Entodon*属（和名：ツヤゴケ属）、*Hedwigia*属（和名：ヒジキゴケ属）、*Thuidium*属（和名：シノブゴケ属）の苔が生育しているのをわたしは見たことがある。

苔にとって適切な場所を選ぶなら、土壌のpHも考慮すべきだろう。針葉樹やクルミの木は酸性土壌を好むが、そこは多くの苔にとっても望ましい環境だ。あなたの土地に、マツや堂々としたオークが植わっていないなら、土壌を調整したうえで、日光にも耐えられる苔を植えよう。それが"正しい場所に、正しい苔を"植えるということだ。次の章で解説する、苔に特化した植え付け法を取り入れれば、より"正しい場所"に近づけることができるだろう。

コンパニオンプランツを選ぶ

苔に適したコンパニオンプランツを選ぶときは、両者の生育環境が合っていることが必要条件だ。適切な日照時間や土壌のpH、見ごろになるシーズンなどがポイントになる。観賞用の多年生植物や一年生植物のほか、その土地に生息する植物はすべて、苔と相性がよいだろう。

日陰に苔庭をつくったのなら、日陰でも育つ植物を合わせよう。ギボウシやシダは印象的な葉を持つので、選ばれることが多い。苔庭が日なたにあるなら、多年生や一年生の草花が、季節によってポップな色合いを添える。わたしは苔と同じくらい、春先に開くスイセンの濃い黄色の花を見るのが好きだ。スイセンを見ると母の庭が懐かしくなる。紫色も大好きなので、多年生や一年生の植物を選ぶときは、ラベンダー色の花が咲くフロックス、マゼンタの花が咲くインパチェンス、ブドウ色の花をつけるナデシコを選ぶことが多い。夏になると、苔を植えた場所がこれらの花で強調される。モミジも葉の色がすばらしく、とくに秋の眺めは格別。シャクナゲのような常緑樹の葉や、アメリカハリモミなどの針葉樹は冬の間も絵になる。四季を通じて、苔は常に緑の背景として、庭にあるほか

の植物や低木、樹木の魅力を引き立てる。

苔庭を目立たせたいときは、背の高くならないコンパニオンプランツを選んで、小さな世界を強調するといいだろう。あなたが丹精を込めた苔と一緒に、色鮮やかな小花、繊細なシダ、矮小な針葉樹を間近で見てもらい、ゲストを楽しませよう。近年では、さらに小さな世界を完成させるために、わたしは繊細なミニ水仙"テタテタ"を加えている。この場合、主役は苔になり、そのほかの植物は苔を引き立てるアクセントになる。

わたしのお気に入りの小型植物は地元のものだ。とくに好きなのは、*Goodyera pubescens*（和名未定、英名：ダウニー・ラトルスネーク・プランテイン）。これはノースカロライナに自生する白いランで、葉に白い葉脈が走っているのが目を引く。1年中葉をつける植物の中で印象的なのは、*Galax urceolata*（和名未定、英名：ゲイラックス）と*Shortia galacifolia*（和名未定、英名：オコニー・ベルズ）。いずれも光沢のある丸い葉をつけ、冬

匍匐性の*Mitchella repens*（和名未定、英名：パートリッジ・ベリー）の愛らしさが、*Hypnum imponens*（和名未定）に似合っている

左上から時計回りに
絶滅が危惧されている極めて希
少な *Shortia galacifolia*（和名
未定、英名：オコニー・ベルズ）。
苔との相性がよい小型の植物だ。
冬の間も落葉せず、緑色から光
沢のある赤色に変わる。繊細な
白い花は春に咲く

わたしのお気に入りである
Goodyera pubescens（和名未定、
英名：ダウニー・ラトルスネー
ク・プランテイン）は、小ぶり
な姿が苔とマッチする

小型の *Polypodium appala-
chianum*（和名未定、英名：
アパラチアン・ポリポディー）
と *Dicranum scoparium*（和名：
カモジゴケ）の群落が互いを引
き立て合っている

には深紅色を帯びるのが特徴だ。小型のシダでは*Asplenium platyneuron*（和名未定、英名：エボニー・スプリーンワート）、*Polypodium appalachianum*（和名未定、英名：アパラチアン・ポリポディー）が好き。*Mitchella repens*（和名未定、英名：パートリッジ・ベリー）はいつも濃い緑色の葉をつけ、春に咲く白い花と秋に結ぶ赤色の実が苔とすてきなコントラストを見せる。さらにわたしが愛してやまないのは、自生していた矮性の*Iris cristata*（和名未定、英名：ドワーフ・クレステッド・アイリス）。紫色の花びらにひとすじの黄色をさした可憐な姿は、わたしのおとぎの国の庭にぴったりだ。

野草はいずれも苔とよく合う。*Trillium grandiflorum*（和名：オオバナノエンレイソウ）や*Arisaema triphyllum*（和名未定、英名：ジャック・イン・ザ・カルピット）は、根元で生育している苔に、大きく広がる葉で日陰を作ってくれる。沼地のある庭では、*Sarracenia*属（和名：サラセニア属）などの食虫植物が*Sphagnum*属（和名：ミズゴケ属）の群落と共存している。

スピリチュアルを取り入れる

日本の寺の壮麗な苔庭園に触発されて、スピリチュアルな場所を作りたいと考える人はたくさんいる。苔の見事さもさることながら、寺院ならではの佇まいが訪れた人の心に響くのだろう。池や川、滝などは、実在あるいは伝説の湖を表現している。枯山水の庭では、熊手でならした白砂や白い砂利が水を象徴し、人の手による盛り土は山を表している。広い庭園では、池に島が浮かび、太鼓橋が架けられている。茶庭には石灯籠と手水鉢が欠かせない。手水鉢には、節を抜いた竹の一端からひとすじの水が注ぎ込まれる。こうしたすべてが、日本の寺ならではのスピリチュアルな空間を作り上げている。これを欧米人が模倣しようとすると、たいていの場合は庭園にブッダの像が置かれることになる。

でも、わたしはこう思う――もっと、自由に考えよう。たとえば、ヨーロッパでは祖先を敬うとき、石を積み上げて小さな柱を立てる習慣がある。歴史的に見て、世界中どこでも、神聖な場所には石塚があるものだ。苔の聖域で魂を浄化したり、自然とのつながりを感じたりといったスピリチュアルな体験をするのに、必ずしも禅僧になる必要はない。苔庭には、あなたの信仰を象徴するものを配置すればいいし、あるいは何も置かなくてもいい。ただ、心を日常から切り離せる場所にしよう。

その土地の植物を取り入れよう

その土地の苔を使おうと思っているなら、庭全体に土地の植物を取り入れてみてはどうだろう。地元植物の愛好家は、その土地に適応してきた植物でガーデニングをするメリットに言及している。苔と同じく、野生植物には肥料も殺虫剤も除草剤も必要ないから、環境に優しい。与える水も少なくて済むし、維持管理にかかる手間が少なく、周囲の自然環境の生態系と両立できるのもメリットだ。あなたが今、苔と相性のよい植物のリストを作っている真っ最中なら、生態系との調和を図ってみてはどうだろう。植物の共同体では、いろいろな点で、ある種の植物が別種の植物の生存を助けるという関係が成立している。そういう観点からも、野生の植物を選びたい。

庭園設計の原則を応用して、人間だけが楽しめるのではなく、野生生物にも喜ばれるような庭を計画しよう。地元の野生生物とは、その土地の植物を好む鳥類、益虫、小動物のことだ。鳥用のお洒落な水槽やたらいを置いておくと、鳥が水浴びに来たり、ほかの生物が水を飲みに来たりする。苔に適した涼しく湿った環境は、すべての生物にとって好ましい休息場所になる。ミツバチやチョウがわたしの苔庭で羽を休めるのを見るといつも嬉しくなる。

住んでいる地域の野生植物や野生生物についてもっと知りたいのなら、地元の保護団体や政府機関が公開しているウェブサイトの情報をチェックするといいだろう。維管束植物と米国内の野生生物に関しては、有益な情報がたくさん見つかると保証できる。もっとも、野生の蘚苔類についてはめぼしいリストがないので、がっかりするかもしれない。

苔でデザインする

コンセプトから庭園の計画へ

アートを取り入れる

　苔庭は庭園芸術や彫刻作品を展示するための背景としても効果的だ。あなたの庭に庭園芸術を取り入れたいなら、まずはあなた自身の感性を磨こう。わたしと自然のつながりは、庭を訪れる人にとって一目瞭然のようだ。わたしの庭に一歩足を踏み入れると、視線が吸い寄せられる先には、森から拾ってきたものを材料にした、印象的なモス・アートが並んでいる。節穴のある木や切り株、空洞になった丸太など、数センチから数メートルのものまで、大きさも形もさまざまだ。*Hypnum imponens*（和名未定）が取り巻くリンゴの丸太からシャクナゲがひょっこり芽を出すなど、愉快なことも起きている。この"ナチュラルな"モス・アートは、森のライフサイクルにおける苔の役割を表現している。種子が発芽する環境を育てるという役どころだ。当然だが、モス・アートに使った丸太は腐ってしまう（腐食を防止する樹脂でコーティングしない限りは。そんなことをすれば、もはや"ナチュラル"ではない）。

　苔庭には、偶然性や遊び心を取り入れよう。わたしは庭にノーム人形※を置くのは好きでは

※ 庭仕事を夜にノーム〈こびとの姿をした精〉が手伝ってくれるという言い伝えがあり、1800年代にドイツで作られるようになった

ないが、コンクリート製のウサギは好きだ。わたしのウサギは岩陰からこっそり覗くように置かれている。数年がかりで、ミルクセーキ法を何度も試して失敗した後、苔はついにみずからコンクリートのウサギに定着した。土台となる像に穴が多いほど、苔は表面を這い上がりやすいことがわかった。さらに、7〜20センチの細長い岩（わたしはホットドッグ・ロックと呼んでいる）をヒナギクに似せて地面に並べている。この配置を目立たせるために石と石の間に苔を散らし、その上に影を落とすように、高さのある*Echinacea purpurea*（和名：ムラサキバレンギク）を植えた。

　石や岩を取り入れて庭をデザインするときは、機能面も考えよう。わたしの苔庭の端のほうは、車の出入りによってダメージを受け続けてきた。それで、ここにもホットドッグ・ロックをランダムに置いて、苔の断片をまくことにした。今ではぬかるみにタイヤを取られることなく、この場所に車を停めることができる。機能的だし、趣向も楽しい。もっとインスピレーションが必要なら、世界的な芸術家にして環境保護活動家でもあるアンディ・ゴールズワージーの、自然を素材としたアート作品が参考になるだろう。

前ページ上　苔を用いて、魂を浄化し、瞑想する場所を裏庭につくることができる

前ページ下　自然の移り変わりを楽しもう。わたしの苔庭を飾る切り株の根元に、シャクナゲが芽吹いた。母なる自然からの贈り物だ

石と苔をうまく並べて遊び心を演出している

想像が膨らむおとぎの世界

　あなたが今でも子どもの心を持っているか、あるいは実際に幼い子どもや孫がいるなら、苔庭に小さな区画を作り、そこをおとぎの国にしよう。不思議な苔と軽やかに飛ぶ妖精はお似合いで、想像力と空想をかきたててくれる。ほかの人たちと同じように、あなたにも苔で遊んだり、小枝を使ってアーチ型の部屋を作ったり、キノコを家具に見立てたりした楽しい思い出があるだろう。そうした経験を思い出すとき、緑のじゅうたんのクッションのような柔らかさや、自分の世界で何時間も遊んだ後のすがすがしさを今でも感じられるはず。その楽しさを子どもや孫に伝えよう。この特別なスペースを苔庭につくるときは、彼らにもぜひ手伝ってもらおう。何度も来てもらって、おとぎの国の庭をどんどん発展させるのだ。あなたと一緒に庭をつくったという特別な思い出は、きっと生涯忘れられないものになる。

　空想を膨らませてくれる素材なら、どんなものでもおとぎの国の苔庭に追加しよう。髪をなびかせた、繊細な羽のある品のよい妖精の小像を置いてもいい。小型の家具や橋、妖精のペットに至るまで、さまざまなミニチュア製品がインターネットや高級園芸店で売られている。おとぎの国の庭の人気ぶりを考えると、どんなものが見つかるかわくわくする。夏休みや冬休みにはディスカウントストアでも結構いいものを見つけられる。安価な青いガラスのおはじきは、妖精が水遊びをするプールを表現するのにぴったり。自然の中で見つけたもの、たとえば水晶の結晶、どんぐり、地衣類の小片、松ぼっくりなどは、飾って楽しいし、勉強にもなる。モス・アートを施した丸太や切り株に妖精が使うドアをつければ、一味違ったおもしろさが出せる。「それを作れば彼が来る」とは、映画『フィールド・オブ・ドリームス』のセリフだけれど、おとぎの国の庭を造れば、本物の妖精がやってくるかもしれない……ある晩、夜中に苔庭を照らす幻想的な光に驚くかも。

上　メアリー・ベス・オコーナーの庭は不思議の国だ。小さな木と苔の景観の中に妖精が住んでいる
下　わたしが2月に作ったおとぎの国の庭。満月の夜はすてきだ

不思議な妖精の国の苔庭

苔の思い出がよみがえると、アン・ゴードンの心は子ども時代に戻る。木の根の間でひっそりと、クッションのように盛り上がった明るい緑の苔や匍匐性のシダ形の苔で妖精の家を作って遊んでいた。当時のアンは苔の学名を知ってはいたが、名前など知らなくてもよかった。苔の感触や外観、生育地を知り尽くしていたからだ。大人になってからはいろいろな経験をしたが、彼女は苔の世界へ戻ってきた。子ども向けの本や絵本の作家である多才なアンは、ノースカロライナ州エフランドの不思議なおとぎの国で、本を書き、絵を描き、想像を遊ばせている。彼女はその場所をモッシー・ヒロック[※1]と呼ぶのが好きだ。愛犬と散歩に出ているときにこの場所に引き寄せられ、どっしりしたオークの木陰で休むことが多くなった。大人になった妖精、アンは、苔の緑が隠れていると、ごみを片づけて雑草を除去せずにはいられない。

アンが認めるところでは、彼女が意図して苔を植えたことはなく、むしろ、散歩中にあちこちで拾った苔を、その場所に転がしておいただけのようだ。数年の間、あちこちで苔を集めながら、彼女は苔が成長して広がるのを辛抱強く待った。さらに毎日、小さなバケツ1杯の小石を運び、小さな山へ登る道をつくっていった。次第にフェアリー・ヒロック[※2]の1号区画は形を整えていった。ほとんど何もないところから、彼女の苔庭は不思議な村に成長した。村にはクリスタル・パレス（水晶宮）、キャッスル・オブ・ザ・ワンウィングド・バード（片翼の城）などがある。近所の子どもたちが、1つの不思議なスポットから別のスポットへと小石を敷いて道を延長していった。アンは言う。「この楽園は、ブラウニ

ー[※3]や妖精、エルフ、そして妖精に似たものたちのふるさとなの」。周囲を魔法にかけながら、ごま塩の髪をカールさせた褐色の瞳の元教師は、妖精界のゴッドマザーのオーラを放っている。

苔が輝き、萌についた朝露がきらきら光る、霧が立ちこめる朝、アンには苔のささやきが聞こえる。今こそ命について、そして自然と宇宙とわたしたちとのつながりを学ぶときだ。この風変わりなおとぎの国は、アンが地上で心と体をリフレッシュする特別な場所だ。アンは長いことライム病を患っているが、苔仲間に支えられて、自分の内面に生命の強さとしなやかさを見出している。万能薬のような一滴の雨の後にみずみずしさが復活させる苔を見ていると、心が高揚するという。

アンは自分自身をアン・ザ・モス・テンダーと呼び、孫たちは彼女をモッシーと呼んでいる。アンとわたしは"苔姉妹"だ。彼女は苔を慈しんでいる。苔の生育を促すために、雑草を引き抜き、ごみを取り除いている。「苔は必ずしも人間が意図した場所で育つわけではないの。彼らが好きな場所で育つのよ」とは彼女の言葉だ。

アンの苔の丘は、彼女の試みの1つでしかない。わたしがこの本を執筆しているとき、彼女は石と苔を使って、石けり遊びのグランドを作っていた。いつだって彼女の頭の中はめまぐるしく動いている。苔が生える角地や丘の上の不思議な割れ目で主人公が陽気に騒ぐストーリーを考えているのだ。彼女はこうした魔法のすべてに、言葉と絵によって息を吹き込んでいる。そこには、苔はわたしたち全員に生きる力を与えてくれるものだというアンの強い思いが込められている。

※1 「苔の丘」の意味
※2 「妖精の丘」の意味
※3 農家の仕事を手伝うとされる茶色の小妖精

アン・ゴードンの苔の丘は妖精の訪問を受ける準備ができている。ノースカロライナ州エフランドにて。

予算を考えよう

土地の評価が完了し、デザインの検討も済んだ今、あなたの耳にはかかりそうな費用を計算するレジの音が聞こえているかもしれない。今こそ、夢の苔庭の実現にかかる費用を見積もるときだ。土地の広さと苔にかける熱意が金銭面を考えるうえで最も重要だ。何平方メートルの土地なら、購入でき、植え付けができ、維持管理ができるだろうか。現実的になって、予算の範囲内で庭を計画しよう。

費用を見積もるときは、プロへの相談料、労働力（土地の造成、植え付け、維持管理）、水源や電力の確保、戸外空間を充実させるエクステリアや園芸素材、彩りを添える花、そしてもちろん、苔の購入費用についても計算に入れよう。生鮮の苔は、容器に入ったフレッシュな状態で売られている。マットや壁の形に成長させたものは面積で値段が決まる。一般的に、日光に強い苔は日陰を好む苔よりも高価だ。特殊な、あるいは希少な種類の苔はふつうの苔より値段が高い。これに対し、ドライモスは、限られた種類になるが、箱詰めにされて輸送され、重さか体積で値段が決まり、生鮮品より安価だ。

苔庭をどのくらい早く完成させたいかという点も、同じくらい重要なポイントとなる。プロを雇うか自分でやるかを問わず、早く庭を完成させるにはそれなりの費用がかかると考えよう。苔を隙間なく植えれば繁殖するのも早いが、そのぶん高くつく。苔が自然に繁殖するのを待つとしても、土地の造成や庭の維持管理、苔の追加購入などの費用はかかる。

プロや専門家に助言を仰げば、相応の費用がかかるが、それに見合った結果は得られるだろう。確実な計画を立てるために、造園家のサービスを利用するのもよい。プロの造園家には、庭造りの負担を軽減する技術や道具、人手がある（とりわけ石の移動、浸食や土砂崩れの防止、ブロック塀の近くで起きる問題の解決といった場面で頼りになる）。石畳のあるパティオや石壁を設置するつもりなら、熟練した石工に任せたほうが早いだろう。灌漑設備を設置したいのなら、専門家を雇って、設備のために適切な水圧が得られるかどうかを測定してもらう必要がある。

とはいえ、造園に熟練した専門家でも苔については深い知見を持っていないかもしれない。だから、モス・ガーデニングの専門家に相談するのがよいこともある。早い段階で苔の専門家に加わってもらうと、計画の実現と苔の植え付けがより確実なものになる。逆に、予算内では実現できそうにないとわかって、苦心して作った計画をあきらめなくてはならなくなるかもしれない。苔庭の造園では、苔の専門家に加わってもらうのが遅いと、注文内容に変更が生じ、追加の費用が発生することもある。

かかりそうな費用を合計したら、予算内に収めるために、苔庭のデザインや計画を変更する必要が出てくるかもしれない。節約するなら、用地の造成、苔の入手、維持管理まで、すべて自分でやることだ。時間はかかるし、作業の負担も増えるが、コストは削減できる。あなたの時間を使うか、お金を使ってプロに頼むか、どこで折り合いをつけるか決めておこう。

テラリウムをつくる！

ウォードの箱に入ったこのすてきなテラリウムは、苔とテラリウムを愛するニューヨーカー、マイケル・デメオが作ったものだ

緑の戸外空間を持てない都市生活者であっても、生活にちょっとした緑を取り入れることはできる。苔のテラリウムを作って自然とのつながりを持とう。生きている苔は、テラリウムという自立した環境で何年間も生きられる。ウォードの箱※は、植物を保護する閉じた容器だが、ビクトリア時代にテラリウムの流行の火付け役となった。1960年代、わたしはまだ子どもだったが、自分でテラリウムを作って、みんなに見せていた。21世紀になって、テラリウムを作るという技術に対する興味が再燃した。まずはデザインを考えて、完成したテラリウムをイメージしてから、次の11のステップに進もう。

1. ふたを閉じられる容器を入手する。ホームセンターや園芸店、花屋、手工芸品店、リサイクルショップで見つかるだろう。ガラスクリーナーで中と外を洗って、吸水布かペーパータオルで水気をよく拭き取る
2. 水はけをよくするために、容器の底に丁寧に小石を敷き詰める

※ イギリスの医師、ナサニエル・バグショー・ウォードが植物栽培に利用したガラス容器。1829年頃、偶然に発見され、植物を生きたまま運搬するのに使用された

3. 土が小石の間に沈み込まないようにするため、黒い園芸用布かフェルトを小さく切って、小石の上に置く
4. 布の上に1センチくらいの厚さにアクアリウム用の木炭を敷こう。木炭はにおいを吸収してくれる
5. 土を入れる。市販の園芸用土、腐葉土、赤土、養分豊かなローム質の土を層状にして、7〜8センチの厚さまで入れる
6. 苔以外の植物を入れるなら、その植物の位置を決めて、そこには少し土を足そう
7. 直立性の苔を植える。*Climacium*属（和名：コウヤノマンネングサ属）や*Rhodobryum*属（和名：カリゴケ属）は根茎も一緒に植え、薄く土をかぶせる。匍匐性ではなく、直立性の苔を使うこと。見分けるポイントとしては、木のような姿の苔や、先端に緑の小花をつける苔は直立性だ。*Sphagnum*属（和名：ミズゴケ属）の苔は、ほかの苔を引き立てる土台として使える
8. 慎重に位置を決めてから、山形に盛り上がるタイプの苔を植える。*Dicranum*属（和名：シッポゴケ属）、*Leucobryum*属（和名：シラガゴケ属）、*Aulacomnium*属（和名：ヒメシワゴケ属）などがこのタイプだ
9. カーペットになる苔（匍匐性の苔）を植える。先に植えた苔の間を埋めるようにする。苔が絡み合うように、互いの端を寄せる
10. 最後に、アクセントになる石や地衣類の枝、飾り（妖精の人形やフィギュアなど）を入れる
11. 全体に霧吹きをする。水たまりができるほどやってはいけない。ふたをして完了

　テラリウムは朝日か夕日のあたる窓辺に置こう。箱の中の水分は、テラリウムの中が結露するくらいがちょうどよい。苔は水浸しではなく、湿った環境を好むのだ。結露しなくなったら、霧吹きをしよう。だいたい月に1度くらいのタイミングだ。カビが生えているのを見つけたら、ふたを取って、かびた部分を取り除き、余分な水分を排出しよう。このとき、苔が水と一緒に出ていかないように手で押さえること。さらに、2〜3日、テラリウムを乾燥させる。ふたのない容器を使うときは毎日霧吹きをしよう。

PLANTING AND PROPAGATION 植え付けと繁殖

苔庭をつくる

Bryoandersonia illecebra（和
名未定）のように、土の上でも
岩の上でも生息できる苔がある

苔にはユニークな特徴があり、それがどのように苔の生育に影響するかもわかってきた頃だから、いまやあなたの頭の中には、庭の風景を苔で生まれ変わらせるアイディアがあふれているかもしれない（あるいはすでに紙に書き出してあるかも）。ならば、そろそろ少しばかりの道具類や必要なものを集めて、一歩前に踏み出すときだ。この章では、苔の植え付け法を何通りか説明する。その中から予算とスケジュールにあったものを選ぼう。アドバイス通りに進めれば、あなたも庭に苔の魔法を起こすことができるはず！

植え付けの時期

苔庭と一般的な庭造りを比べたとき、最大の違いのひとつは、植え付けの容易さにある。つまり、苔を植えるほうがずっと簡単なのだ。穴を掘る必要がほとんどないので、なんらかの理由で穴掘りを嫌がっている人たちには朗報だろう。植え付け時期に縛られることもない。苔は自前の不凍液を持ち、寒い季節を持ちこたえるだけでなく成長もできるから、どの季節でも植え付けが可能なのだ。一年を通してどの月に植えてもよい結果が得られると断言できる。数カ月も雪が解けない寒冷な地域では、冬の間苔が休眠し、春の雪解け時に短期間の回復期が必要だったりもするが、わたしは凍土への植え付けさえみごとに成功させたことがある。

要は、自分にとって都合がよく、気分よくやれる時期に植えればいいのだ。冬に衝動的に庭造りをしたくなったとして、天候に問題がなければ、迷わず取り掛かろう。ふつうの庭造りのやり方にならうなら、春に植える。夏がよければそれもよし。ただ、気温が高いので、湿気不足に注意を払う必要がある。初秋は概して気温が下がり、苔が熱によるストレスにさらされなくなるのでとてもいい時期だ。晩秋から冬の間は、播き苔法を試すといい。オフシーズンなので、苔を邪魔するものがいなくなっているからだ。ただし、冬季の植え付けは冷えると言わざるをえない。冷気の中での庭仕事はまさに極寒地のサバイバルスキルを試しているかのようだ。もっとも、いったん苔熱に取りつかれると、寒さの中でも暖かな衣類を着込んで苔栽培を楽し

テネシー州ナッシュビルの写真家、J・ポール・ムーアは、苔が自宅の芝生を侵略していることに気づき、芝生の代わりに苔を育てようと考えた。数年経った今では、みごとな苔のじゅうたんに育っている

苔庭をつくる

植え付けと繁殖

めるものだ。

　苔を植え付ける時刻も、いつだってかまわない。いちばん楽しめるのはいつなのか、ということだけがポイントだ。早朝は気温が低く、周囲の朝露の輝きが神秘的なのでおすすめだ。あるいは、星の瞬きのもとで植えるのはどうだろう。現実的に考えれば、夏の間は、ぎらつく太陽に照らされているより、夜のほうが涼しい。昼（または夜）の何時に植えたとしても、作業中には水やりをしてやりたくなる。ご承知のとおり、

苔の美しさと健康のためには、水分や湿気の多い環境が望ましいので、雨の中でもにわか雨の後でも、地面が湿っているときに植え付けるのがいい。激しい嵐の直前に植えた場合は、直後から、植え付け具合が試されることになる。植えたばかりの苔が豪雨や暴風をやり過ごすことができれば、今後厳しい気候に見舞われることがあっても自信が持てるだろう。

必要な道具

　モス・ガーデニングに必要な道具や設備は、一般的なガーデニングに比べて少ない。エクステリアが整っていれば、苔の植え付けと世話に必要なものは、ほんのわずかだ。わたしがすすめるのは、移植ごて、小型の三又熊手（土を耕すツール）、土をならすスクレイパー、小さなシャベル、ほうきとちりとり、そして電動のリーフブロワーだ。雑草は根が太く張る前に引き抜くだろうから、専用の道具はまず必要ない。わたしはいつも、厄介な雑草を注意深く取り除くために、安物のステーキナイフを携帯している。苔仲間に勧められた毛抜きも、細心の注意が必要な雑草取りに活用している。

　竹製の熊手も持ってはいるが、苔を傷つけないように使うには、優しくなでるように掃かなければならない。結局は、植え付けの時以外は熊手を使わないほうが望ましく、植え付け専用なら頑丈な爪の熊手を使ったほうがいい。キッチンによくある、固い麦わらでできたほうきは、苔を掃き清めるのに重宝する。わたし自身は、子ども用のほうきかリンゴの小枝で作った30年ものの手製のキッチンぼうきを愛用している。石造りのパティオに植え付けをするときは、作業が長期にわたるので、小さな手ぼうきとちりとりで絶えず作業エリアをきれいに片づけながら作業している。岩のわずかな隙間の土を掻き出すときは、小さいとがった石や固い小枝のような自然素材を道具として利用する。アザレアの枯れ枝（剪定の副産物を取っておいたもの）は、匍匐性の苔を、特に勾配のある土手に固定させ

上　本当に必要な道具はあまり多くない。頑丈な爪の熊手、移植ごて、手ぼうき、そして歯ブラシ
下　歯ブラシは、*Ceratodon*属（和名：ヤノウエノアカゴケ属）や*Bryum*属（和名：ハリガネゴケ属）のように、微細な苔を整えるのにも便利

て植えるときに便利。そのほかに手持ちのもので欠かせない道具といえば、歯ブラシだ。小型の苔の群落から砂粒を落とすために使っている。歯科医の娘として、わたしはいつも古い歯ブラシを賢く再利用しているのだ。

ガーデンホースはいいものを手に入れることが大切だ。頭痛とイライラを避けるためにも、安物のホースは避けること。けちってはいけない。からまないホースは値千金だ。わたしの好みは、耐久性が高く、よじれないタイプのものだが、新しいタイプの軽量のホースリールでもいい。ノズルやスプリンクラーは、どんなものでも構わない。わたしは、ミスト、フラット、シャワーに切り替えて設定できる軽量プラスチック製ノズルが気に入っている。これまでいろいろな多機能スプリンクラーを試してきたが、首振り式の安価なものでいいと思う。狭い場所なら、バブラースプリンクラーを選ぶべきだろう。広い範囲をカバーするなら、脈を打つように水が飛び出すマシンガンスタイルと呼ばれるものが役に立つ。いいホースには大金を惜しまず、散水ノズルとスプリンクラーは安いものでいいというのが、わたしのアドバイスだ。

植え付けのときに楽な姿勢でいられるように、わたしはお尻が濡れるのも構わず、苔の上に直接座ることがよくある。もし、濡れるのが嫌だとしたら、防水クッション、車輪付きのスツールやガーデニング用の膝あてパッドを利用しよう。服装に関する主な注意点は、植え付け時にはかかとのない靴か平底サンダルを履くということだ。クロッグや革靴、ブーツなどしっかりした靴底のあるものはやめよう。もちろん、はだしでのモス・ガーデニングはいつだっていいものだ（凍傷の危険がない限りは）。手袋も、好きなものを使えばいいだろう（ちなみに、わたし自身は手袋をほとんど使わない）。強いて言うなら、薄手のラテックス製で手に密着するものをお勧めする。厚手のガーデニング用手袋では、苔の根の感触がわかりにくいし、苔の下から雑草を慎重に抜こうとしてもできないからだ。

苔を入手する

苔が自然に庭に入り込むのを待っていないで、計画的に導入したければ、どこからか苔を入手する必要がある。幸運にも敷地内にすでに苔が生えている場合は、庭の植えたい場所に移植しよう。苔嫌いの隣人の土地に苔が生えていたら、採取していいか尋ねよう。また、広大な森林地帯の土地所有者たちとの間にコネを作って、より多くの機会を見つけ出そう。この廃品回収業者のようなやり方で、苔が助けを求めている場所を近場に見つけることができるかもしれない。たとえば、市内の商業開発の計画用地や工場跡地には、価値の高い苔が生息している可能性があっても、ブルドーザーがやってくれば全滅させられてしまう。もし、舗装作業員の気配に気づいたら、再舗装が始まる前に、駐車場の隅やコンクリート製のタイヤ止めに沿って生えている苔を救済できるかどうか確認しよう。もし田舎に住んでいるなら、苔を救済できる可能性のある場所として、伐採木の搬出現場や道路工事の現場、または新しい住宅開発の現場を探して

苔は伐採現場からも回収できる。伐採人の到着前に苔を救おう

167

匍匐性の苔は端を持ち上げて、そっと土から引きはがす

苔の救出に多くの道具はいらない。直立性の苔の場合は小さな
シャベル、移植ごてが必要。スクレイパーもあれば便利だ。幅
広のパテナイフや調理用のスパチュラも使える

みよう。苔を採取したい場所があれば、地主や
不動産業者、またはその場にいる管理人から許
可をもらったほうがいい。

　苔を採取するとき、長めのスパチュラやナイ
フ、ピザ用のパドルまで、あらゆる種類のキッ
チン道具が使われているのを見てきたが、多く
の匍匐性の苔は手ではがすことができる。苔の
カーペットを縁から優しくはがし始めよう。片
手をカーペットの下に差し入れて、仮根を土か
らはずすために前後に動かす。そして、両手で
カーペットの縁を持ち、そっと土から分離させ
る。もともとついていた土をそのままつけてお
くことが有益な場合もあるが、基本的には必要
ない。直立性の苔に関しては土をどうするか悩
む必要もないが、わたしは匍匐性の苔でも土を
つけたままにしておくことはほとんどない。土
中に短い根茎が埋まっているタイプの直立性の
苔の場合は、匍匐性の苔と同様、水平方向に採
取していく。苔の群落（とそれについている土）

地元の温室では、苔が土を覆っている。友人のアン・ゴードン
のおかげで、わたしは*Marchantia*属（和名：ゼニゴケ属）（苔類）
と*Pohlia*属（和名：ヘチマゴケ属）（蘚類）を、捨てられる直
前に救出できた

苔を取っていい場所 ── いけない場所

　庭に植える苔をどこで手に入れるか考えるとき、苔の救出、採取、窃盗の間には、大きな違いがあることを知っておくべきだ。

　苔の救出とは、壊滅が避けられない場所から苔を移植することを意味する。そうした場所では新しい住宅や商業地の開発が始まることが予定されている。土地の造成が差し迫っていないか、注意深く目を配ろう。ブルドーザーが到着してからでは遅すぎる。「売出中」の看板は（商業開発や新たな住宅建設が計画されている場所では特に）苔を救出できることを示す信号だ。わたしは屋根の葺き替えが始まりそうだと気づいたら、ずうずうしいとは思いつつ、屋根職人が仕事に取り掛かる前に、苔を救出させてほしいと頼んでいる。とりあえず聞いてみれば、たいていの場合はどうぞと言ってもらえるものだ。こういう状況では、苔も死刑執行を待っているようなものだから、取れるだけ取ってもかまわないだろう。グループ体験をしたければ、自生植物の保護活動をしている地元の団休が主催するエクスカーション（体験型見学会）に参加しよう。

　必ずしも破壊されてしまうわけではない場所から苔を取るとき、その行為は採取と考えられる。苔を取るのが自分の敷地でも、誰かの所有地でも、採取は少量にとどめ、そこの群落が回復するのに十分な量の苔を残しておこう。

　窃盗とは、許可を得ずに倫理規範を犯して、苔を取ることをいう。保護林や公園からの違法な苔の採取はこれにあたる。公共の場で苔を取るなど「断じて」許されない。このようなレクリエーションの場はみんなが楽しむ場所としてとっておくものだ。わたしたちが自然の財産を守れば、未来の世代は自然の中で苔を鑑賞することができるだろう。苔を守ろう。盗んではいけない。

ノースカロライナ州ブレバードのシルバーモント公園の庭園に植える苔を採取するため、ゴルフコース建設予定地から苔を救出する許可を与えられたマスター・ガーデナーたち

時計回りに左上から
わたしの苔ナーセリー。日陰に
なっている栽培エリアはまるで
おとぎの国のようだ

苔ナーセリーで育てた苔は生き
たまま、トレイ入りかマットの
形でオンライン販売されている

中国広東省深圳市の仙湖植物園
では、このようにトレイ入り製
品のサンプルが展示されている

苔庭をつくる

植え付けと繁殖

が地表から離れるまで、群落の下にそっと指を差し入れて探っていく。地表から離れるところまで来たら、大きな塊ごと手で持ち上げよう。さらに大きな塊を取りたいなら、平たいシャベルか鉈を、苔の下面のもっと奥まで差し入れる。まるでイースターエッグを集めるような手軽さで、小さな山の形に生育した群落が採取できる場合もある。なお、直立性の苔が丈夫な仮根を地中深く伸ばしているときには、小さなシャベルを使って掘らなければならないだろう。

　もし、あなたの住んでいる地域にあまり苔が生えていない場合、あるいは、採取に手間暇などかけていられないという場合は、庭に植える苔を購入してもいいだろう。しかし、大手の園芸用品販売業者がホームセンターや大型ディスカウントショップで販売する、ビニール袋入りのドライモスはやめておこう。それらは栽培用というより、フラワーアレンジメントや手芸用に作られたもので、緑色を長く保つために染色されたり、スプレー塗料をかけられたりしていることが多いからだ。残念なことに、花卉園芸産業を存続させるための違法な採取も横行している。ドライモスは、シート、ムード、クッション・モスと呼ばれ、袋や箱詰めにされて売られている。こうした商品を買うと、無責任な採取とそれを助長する消費者という、複雑な問題の連鎖にうっかり巻き込まれることになる。

　多くの苔販売業者は採取者と消費者をつなぐ仲介人の役目を果たしている。供給業者の中には、育てるというより、売るだけの者もいる。アメリカ、ドイツ、日本では苔の栽培が行われているが、ドライモスの供給業者は、よく名が知られている販売業者であっても、苔を育てず、野生品の採取に頼っていることが多い。合法的で道徳心のある苔販売業者なら、問題のある採取を避け、正式に許可と認証を得て米農務省規則を遵守し、造園用の生きた苔を栽培すべきだ。販売用にみずみずしい生きた苔（ドライモスではなく）の群落をその場で育てている園芸店や苔専門店で買えば間違いない。造園用や園芸用

に、ありふれた種から珍しい種まで広く取り揃えた店を見つけることができるだろう。アメリカでは、認可を受けたナーセリーは、ほかの植物を脅かす潜在的な害虫や植物の病気がないか、定期的に検査を受けている。米農務省の規則を遵守している苔ナーセリーなら、採取や農業を実践するうえで、責任を持って環境水準を維持している。

　供給業者から苔を買う場合、時間に余裕を持つようにしよう。じっくり計画を立てるためにも、また、業者に生垣用の苔を特注する場合や、すぐに植え付けできるマットを用意してもらう場合にも、時間が必要だ。欲しい苔がぎりぎりで入手できるとは考えないことだ。計画は早めに立てよう。

　苔をどのくらい購入すればよいかを知るには、植える場所の面積を計算しよう。苔を買うときは必ず、植える場所の局所気候に合う苔を選び、計画を実現するのに十分な量を手元に確保しておくことが大切だ。そして、苔を配送してもらうタイミングを植え付けスケジュールに合わせること。早めに苔が届いてしまったら、屋外の日の当たらない場所に置き、生き生きした状態を保つため、定期的に霧を吹いてやることが大切だ。植え付け前に、苔にストレスを与えて、残念な結果に終わることのないようにしよう。

苔の植え付け法

　モス・ガーデナーは長い間、次のようなシンプルかつ基本的なルールに従って苔を育ててきた──ごみや雑草のない環境にしてやれば、苔は勝手に入り込んでくるだろう。近隣に自生の苔が生えている地域に住んでいれば、胞子拡散の恩恵が受けられるから、うまく繁殖するはずだ。しかし、苔に興味を持つ人が増えるにつれ、インターネット上や出版物には、積極的に人の手を加えて計画的に苔を繁殖させるための方法が多く見られるようになってきた。モス・ガーデナーは苔の成長を願う一心で新たな領域に挑戦しているのだから、どんな方法でも結果がよ

ければ検討に値する選択肢になる。適切な苔を適切な場所に植えることも重要だが、それ以外にも好結果を生む方法は何通りもある。

　わたしは何年もかけ、さまざまな種類の苔で、植え付け法、生育環境、土壌調整の必要性、水やりの方法、そして日常の手入れに関して、研究と実験を繰り返している。はじめは人が勧める方法に倣っていたが、限界に挑んで自分なりの新しい方法も試してきた。もしある方法がうまくいっても、必ずしもそれがわたしの唯一のやり方になったわけではない。ひとつの方法がほかより優れているかどうかを判定するために、自分のやり方も他人のやり方も幅広く試し続けている。この、体系的でありながらも枠にとらわれない姿勢で、わたしはほぼ確実によい結果を出せる方法を探し当てた。ただ、わたしの中の研究者の部分は、同様の条件下では一貫した結果が再現できることを求めている。結果が大成功でも、必ずしもその方法が唯一の正しい手順、あるいは唯一機能する方法だとは限らない。それに、それぞれのやり方には長所も短所もあることを、身をもって学んできた。たとえば、保水力の高い土は苔が育ちやすくなる代わりに雑草も育つし、苔にネットをかければ、動物による被害を防ぐことができる代わりに雑草を取るときにひどく邪魔になる。

　モス・ガーデニングの専門家として、わたしはほかのモス・ガーデナーとは違うことを勧め

るかもしれない。どちらの方法が実際に機能し、長期的に安定したよい結果を生むのかは、時が経たないとわからない。わたしとしては、苔園芸の分野はまだ歩き始めたばかりで、誰もが多くのことをこれから学ばなければならないと思っている。また、科学者と園芸家が、各種の苔の生育に有益な栄養素やその量など、不確定な要素を今後特定してくれることにも期待している。そのうち、より多くの人が苔園芸を愛好するようになれば、成功（と失敗）を共有しあって、苔栽培の知識体系を確立することもできるだろう。モス・ガーデナー同士の共働による取り組みや、関連情報の共有を、わたしは心から支援している。苔は非常にストレス耐性が高く、環境や地域差に対する順応性があるので、苔の栽培を成功させるたったひとつの「正しい」方法があるのではなく、うまくいく方法がたくさん存在するはずだ。

　わたしが勧めることは、10年以上にわたる苔栽培の実績に基づいている。本章で説明する苔の植え付け方法として、苔が生えてくれるのを待つ受動的なものから、調製済のマットを敷き込んですぐに成果を得られるものまで、幅広く取り上げた。夢の実現に向けて、あなたが苔とどれほどの関わりを持ちたいのか、あるいはどのくらいの時間と費用を費やせるかによって、好みの方法を選ぶといいだろう。

苔を呼び込む

　駆け出しのモス・ガーデナーたちは、近辺に生育する苔は取り立てて人間の力を借りることもなく、胞子や無性芽の拡散により、勝手に庭や芝生に入り込んでくるものと思っていることが多い。この「入り込ませる」という姿勢は、苔が豊富な地域に暮らしていることと、苔の成長に好適な環境が整っていることを前提としている。この方法を選ぶ人々にとって忍耐に勝る努力はない。自然のなりゆきに任せて、辛抱強く待つ能力が求められる。待ち時間が長くなるのは覚悟しよう。つまり、思い描いた結果にたどり着くには、日や週という単位ではなく、数

わたしの苔の呪文

「適切な苔を適切な場所に」のルールを守ったら、わたしの苔の呪文をぜひとも実行してほしい。それは「水やりをして苔の上を歩く」というものだ。これ以上簡単なことがあるだろうか。この小さく、繊細に見える植物の上を歩くことを恐れる必要はない。苔は踏まれても元の状態に戻りやすい構造をしている。上を歩けば、群落の仮根や苔の断片が土壌にしっかり定着するのを助けることになる。この習慣を、少なくとも植え付け後の一カ月間は続けよう。苔のじゅうたんができれば、その上を歩くのははだしへの贈り物になるだろう。

ノリー・バーネットの魅力あふれる家の見晴らし窓から望む庭。この風景になるまで長い年月を費やした

カ月、もしかしたら数年が必要という意味だ。

　初心者は、苔は「ただ生えてくる」ものだと思い込みがちだ。一定の経験を持つガーデナーですら、そう思っている楽天的な人はいる。実際には、なんらかの準備は必要だし、日常的なこまごまとした手入れから逃れることはできない。苔を庭に呼び込もうとするなら、早い段階で苔の敵になる植物を追い出しておかなければならない。芝や雑草の除去にはいろいろな方法がある。簡単なのは、地面をすっぽりとビニール製のタープか厚地の防草シートで覆うことだ。数週間、日光が当たらないようにしておけば、不要な植物を根絶やしにできる。わたしは草刈機を使って、維管束植物を切り倒して根絶させたこともある。もし場所が狭い場合や、芝や雑草がまばらに生えているだけなら、手で雑草を取ろう。頑固なメヒシバやタンポポが生えていれば鍬（くわ）を使おう。

　こうした方法を手間も時間もかかると思うな

ら、化学薬品やオーガニック薬品で苔に害をなす雑草を枯らすこともできる。生態系に優しい苔のために環境に優しくない薬品を使うことは、矛盾しているようにも思えるが、多くのガーデナーやプロの造園家は、自分の手で広い土地の草取りをする代わりに、こうした薬品に頼っている。すでに生えている苔への影響が気になるかもしれないが、悲観的になる必要はない。薬品を浴びても、通常、苔への影響はまったくないか、あってもほんのわずかにすぎないのだ。苔植物はなんらかの一時的なストレスを経験しても、たいていの場合回復する。この方法で雑草を処理することに決めたら、薬品をまず目立たない場所で試してみよう。

　ひとたび苔の敵である雑草類に打ち勝ち、その場所のごみをだいたい取り除いたら、苔を呼び込み、定住させる準備は完了。ここからは手入れを怠らないことが大切だ。「苔を呼び込む」という姿勢は、怠けていてもいいということで

173

バージニア州リッチモンドにあるノリー・バーネットの家を訪れると、*Thuidium delicatulum*(和名：コバノエゾシノブゴケ)に覆われた小道を散策できる。彼女は苔の上を歩くように勧めている

174

心をいやす庭

レオノラ・リダリング・バーネット（ノリーは愛称）に会うと、誰でもたちまち彼女の優美さと気品に心を奪われる。すばらしい苔が彼女の糧となっているのは明らかだ。ノリーは「わたしの苔庭は平和と静寂、そして世界との一体感を与えてくれるの。苔庭にいると、心が癒されていくのがわかるわ。そして、とても長い時間、その状態が続くのよ」と語る。バージニア州リッチモンドの閑静な地域の一画にあるノリーの森の庭には、一面に広がる苔のじゅうたんから苔の散歩道が何本も放射状に伸び、それぞれ、日陰を好むギボウシやシダ、オモトなどのお気に入りの植物が植えられた幾何学式庭園へと続いている。

苔は彼女の心の中で聖なる位置を占めている。聖なる苔の上は誰にも歩かせようとしない日本的な考え方とは対照的に、ノリーは0.3ヘクタールの土地にある苔の小道を来訪者に散策させ、人目につかないところを探して腰を下ろし、自分を見つめてみるようにすすめている。子どもの頃から苔好きで園芸に熱を入れていたノリーだが、うっそうとした陽の当たらない裏庭の芝生をあきらめて苔を呼び込むようにすすめたのは、息子のピーターだった。ノリーは「チェスターフィールド郡の粘土質の土では何も育たない」とも話している。学校の教師で4人の息子の母親でもあったノリーは、1980年代はただただ忙しく、苔を望むままに入り込ませる決心をした。その主なものが *Thuidium delicatulum*（和名：コバノエゾシノブゴケ）で、ほかに *Polytrichum commune*（和名：ウマスギゴケ）、*Leucobryum albidum*（和名未定）も含まれていた。数十年後、このモス・ガーデニング界の巨匠はアメリカで最もみごとな苔庭のひとつを手にしていたのだ。

ノリーは、苔が地面をすっかり満たすのを待つ間にも、若干の骨折り仕事があることを知っていた。現在では、自分自身で苔庭の手入れをしている。「母は苔のことでは本当に働き者。何もかもやってくれる小さな妖精がいるわけじゃない」と息子のダグは言う。しかし、こまごまとした手入れもノリーにとっては喜びだ。80歳を超え、なお矍鑠（かくしゃく）とした彼女は、何時間もていねいに雑草を抜きながら、こう気づいたという。「草取りの時間は、頭に浮かんだことを

まとめるいい機会。集中できるほとんど霊的な体験なの」。

時を経て、ノリーは苔の色の変化も受け入れて楽しんでいる。わたしたちの多くと同様、ノリーも冬の間の濃い緑色に魅せられている。かつては苔が色あせていくとがっかりしたと認めているが、彼女は芸術家として、季節ごとに自分の苔庭で起こる色の変化を味わうようになり、受け止め方を変えた。今では、春に *Thuidium delicatulum*（和名：コバノエゾシノブゴケ）が黄色くなると「年寄りのラクダのよう」と言って笑う。

ノリーはモス・ガーデナーに助言する。「集中してモス・ガーデニングのすべての面を楽しんでほしい。面倒な雑用だと思わずに、心から楽しんで。楽しめなかったら、別の趣味を探せばいい」

苔と石がすばらしい調和を見せる散歩道

はない。それどころか、この先もずっとごみや雑草を除去していかなければならないだろう。うまくいけば、成長した苔の群落が十分に厚みを増した時点で、ほかの植物の成長を阻むようになるかもしれない。しかし、おそらくは、ほどよく湿った苔の生育環境から次々に生えてくる小さな雑草や自生の植物を、引き続き処理していかなくてはならないだろう。

「呼び込む」方法の最高の例がバージニア州リッチモンドにあるノリー・バーネットの苔庭だ。彼女は全米で最も成功したモス・ガーデナーとして名声を博している。モス・ガーデニング界の巨匠、ノリーの庭は、忍耐強く苔がみずから生えてくるのを待てば、壮麗な苔の風景が生み出せることを示す好例だ。ノリーは一面の美しい苔と曲がりくねって庭を貫く苔の小道を作り上げた。それは一夜にして出来上がったものではない。その進捗を記録する写真は、長い時をかけて苔がみごとに成長する様子を示している。その後20年を経て現在、ノリーの苔の聖地は、シダに似た繊細な *Thuidium delicatulum*（和名：コバノエゾシノブゴケ）に大部分が覆われて、王者の風格がある。

けれどもノリーはこの成功に満足しなかった。80代になっても、重労働をものともせず、苔に向けるひたむきな情熱で、美しい庭を積極的に手入れしている。ごみと落ち葉を取り除く仕事は秋が終わっても続くと彼女は言っている。木々のすべての葉が短期間に落ちる地域とは対照的に、ノリーが住んでいるのは、冬に入っても木々に葉が残る地域だ。当然、落ち葉の処理は冬の間も続く。また、強風や豪雨に見舞われれば、その都度、ごみを苔から除去しなければならない。しかし、彼女やわたしのような苔好きにとっては、自分の苔が与えてくれる安らぎを得る魅力を知ってしまうと、苔の手入れのための苦労など取るに足らないことなのだ。

モス・ガーデニングで、苔を「呼び込む」方法を実行するときは、目に見える結果が出るまでにかなり時間がかかることを覚悟しよう。苔が十分に育ち、あなたの庭に居を構えるまで、

土がむき出しになった小道や草木の生えていない空間を受け入れる心の準備をしよう。ノリーは小道のぬかるみを我慢し、すばらしい結果を実現させるまで、何年も待ち続けた。数十年経った今、その苔の成長ぶりは筆舌に尽くしがたい。苔を育てる場所のごみを絶えず取り除き、母なる自然が協力してくれれば、すばらしい見返りがあるだろう。ただ時間がかかるだけだ。

苔の成長を促す

もう少し積極的なモス・ガーデナーは、「成長を促す」方法で少しステップアップするといい。苔が自然に生えてくるのに任せるだけでなく、苔の成長を助け、それを促すような環境を調整すれば、成功率はかなり上がる。環境の調整には土壌の調整や防草シートの利用のほか、わたしに言わせれば、水やりも当然含まれる。

土壌が適切であることをただ願うくらいなら、むしろ調べて、確かなことを知るほうがいいだろう。庭のあちこちの土をサンプルとして取ってみよう。ほかの植物を植えるときの検査に必要なサンプルと違い、必要なのは表面の土だけだ。いちばん大切なのは、現在の土が酸性かアルカリ性か（pHが低いか高いか）を確認し、pH調整のために必要な土壌調整剤の量を知ることだ。pHの数字が低いほど酸性度が強い（pH5はpH6より酸性度が強い）。土壌がpH5.5なら（pH4くらい低いほうが望ましいが）、酸性を好む苔は問題なく育つ。

簡単な土壌検査キット（園芸店で購入可能）があるので、自分で土壌のpHを調べよう。説明書に従って、キットの中に入っている小さな容器に、水と土のサンプル、pHテスト用のカプセルの中身を入れる。よく振ると数分後には現在の土壌のpHがわかる。米国内であれば、土のサンプルを州の協同農業普及事業所に送って、無料または安い価格で土壌を分析してもらう方法もある。土壌テストの報告書には必ずpHの数値とそのほかの養分に関する情報が含まれている。

土壌のpH値と土地の面積がわかれば、（酸性

苔庭をつくる

植え付けと繁殖

望ましいpH値					
	6.5	**6.0**	**5.5**	**5.0**	**4.5**
現在のpH値 **8.0**	0.9	1.2	1.6	2.1	2.4
7.5	0.6	1.0	1.3	1.8	2.1
7.0	0.3	0.6	1.0	1.5	1.8
6.5		0.3	0.7	1.2	1.3
6.0			0.3	0.7	1.0

土壌のpH値を望ましいレベルに下げるために必要な1平方メートルあたりの硫酸アルミニウムのキログラム数

望ましいpH値					
	6.5	**6.0**	**5.5**	**5.0**	**4.5**
現在のpH値 **8.0**	150	200	250	300	350
7.5	100	150	200	250	300
7.0	50	100	150	200	250
6.5		50	100	150	200
6.0			50	100	150

土壌のpH値を望ましいレベルに下げるために必要な1平方メートルあたりの硫黄のグラム数

を好む苔を植えたい場合は）pH値を下げるために使う硫黄や硫酸アルミニウムの量を算出できる。これらは農業関連用品を扱っている店で購入できる。あるいは、園芸用品店にあるヒイラギやアジサイ用の土壌酸性化剤を使ってもよい。硫酸アルミニウムは効果が早く現れるが、大量に使用する必要がある。硫黄は土壌のpHを下げるのに時間がかかるが、長期間効果が持続するという特徴がある。どちらを使う場合も、pH値たった1変えるにも大量の改良剤が必要になるので、ここにあげた表の推奨量を参考にしてほしい。わたしは雨が降る前や自分で水やりをする前に、小型の種まき器で粒状の改良剤を播いている。

　ここまで土壌のpHについて話してきたが、これ以上詳しい土壌の分析や改良は必要ないかもしれないとわたしは思っている。なぜなら、苔植物は、自然の中にあるどんなタイプの土にも、または人の手の入った庭にも同様に生育することができるからだ。

　土壌のpH調整の次は肥料について考えるところだが、苔を植える土に栄養を補給する必要はない。前に記したように、苔植物は栄養分に乏しい土壌でも生育でき、そうした土には窒素やリンが不足していることが多い。実際のところ、科学的に見て、肥料が苔植物にいい影響を与えるのか、悪い影響を与えるのか、まだはっきりわかっていない。イギリスの研究者、マイケル・フレッチャーは、どの栄養素が有益か、あるいは有害かは蘚苔類の種によって違う可能性があると報告している。たとえば、マグネシウムを追加してよく育つ種もあれば、干からびてしまう種もあることを彼は発見している。カルシウムは、*Sphagnum*属（和名：ミズゴケ属）に対しては有害であるとされている。はたまた、ほかの植物への肥料が絶えず使用されている温室の中で繁茂する苔もある。

　いい表土を加える必要も、土を補充する必要もない。もしエクステリアを整えるために土を加える必要があるなら、ふつうの土を使えばよい。アスファルトで舗装されたわが家の車道を苔の生息地に模様替えしたとき、トラック一台

分の「この上なくだめな土」を配達してもらい、アスファルトの上にどさっと落としてもらった。わたしと息子たちは真冬のいちばん寒い時期に、この荒れ果てて、使いにくい土の上に、60平方メートル分の苔を植えたのだった。わたしたちは、この粘土質の重い土をシャベルですくうことに疲れ果て、小型ブルドーザーの運転手をおだてて、土の山を薄くならしてもらった。そして植え付けの前に、母の4輪駆動車で土の上を行ったり来たりして地固めをした。数年後、苔はよく育って、居間の窓からは、見苦しい黒い舗装の代わりに若葉色の眺めが楽しめるようになった。

保水力を増すために、苔の植え付け面にフェルト生地を使うモス・ガーデナーもいる。わたしはフェルト（業務用の厚いものから手芸店で売っている薄いものまで）をはじめ、黄麻布、カーペットの端切れ、サイザル麻の敷物、綿の敷物、厚地のカーテン地、カーペットの再生繊維、マットレスに使われる詰め物、さまざまな種類の防草シートなど、土台に使えそうな多くの繊維製品を試してみた。また、岩や砂利、園芸用土、粘土、砂など天然の土でも実験を重ねてきた。これらを試した結果、護岸工事用の堤防などに使う強力な合成繊維であるジオテキスタイルが繊維製品の中では最も優れた土台だと確信した。透過性に優れている一方、保水力も兼ね備えているからだ。しかも雑草を貫通させないし、フェルトのように元の形が崩れることもない。

雑草よけ、土砂流出の抑止、より高い保水力など、さまざまな理由から地面に直接植えるよりもシートを利用することにした場合、シートに土を薄く乗せても、シートに直に植えてもよい。いずれにせよ、土壌のpH値は調整しなくてはならない。酸性を好む植物用の肥料にシートを浸したり、漬け込んだりすることは、メリットにもデメリットにもなりうるということを繰り返しておく。シートの利用にメリットがあっても、わたしはできるだけ既存の土壌に直接植えたいと思う。

「成長を促す」ガーデナーがもうひとつできるのは水やりだ。苔の成長を促すには、少量の水やりをこまめに行うことだ。苔は水浸しになるほど水をかけられるより、一日に数回、短時間での水やりを好む。2〜5分程度でも十分すぎるくらいだ。手動で水やりをするとき、わたしはたいてい、散水ノズルをフラット、シャワー、ミストのうちのどれかに設定して使う。実のところ、頭をからっぽにできるこの作業は、わたしにとってリラックスできるひとときだ。ひとりきりの静寂な時間も悪くないものだ。もし水やりを日に1度しかしないのであれば、午前中のまだ朝露が残っている時間帯より、苔が乾く、遅い午後にやるとよい。わたしの経験から言えば、正午に水やりをしてもふつうの植物のように苔がまだらに葉焼けすることはない。さらに言えば、夜更かしをして、深夜の水やりをしたければ、それも構わない。長年、モス・ガーデニングをして、規則正しく水やりをしているが、落ち葉が苔を長期間（1カ月以上）覆っていたときを除けば、カビが生えたことはほとんどない。

水やりに関する注意は次章で解説する。「成長を促す」ガーデナーにとっては、湿度のある環境が苔の生育を促進するという点が重要で、この理由から水やりは母なる自然に手を貸すひとつの手段だといえる。

苔の断片から育てる（播き苔法）

さらに新しいことに取り組みたいモス・ガーデナーは、苔が微細な断片からでも育つことを利用して、一から苔を生育してみてはどうだろうか。庭を苔で緑一面にすることを望むなら、

次ページ時計回りに左上から
意図的な導入も成長の促進もしなかった*Marchantia*属（和名：ゼニゴケ属）（苔類）が勢いよく茂っている。その隙間を*Climacium americanum*（和名：未定）の断片が埋めている

わが家の車道に新しく苔を植える準備のため、息子のフリントとカーソンが大量の粘土質の土をならすのを手伝ってくれた

かつて車道だったところは、現在、魅力的な苔の園に姿を変えている

苔庭をつくる　植え付けと繁殖

179

計画した場所に断片を播くと成功の確率は高くなる。

この方法を試したくなり、さらに積極的に苔の成長を促したいのであれば、早く育ち、すぐに定着する種類の断片を使うといいだろう。匍匐性の苔なら*Thuidium delicatulum*（和名：コバノエゾシノブゴケ）がこの方法に適している。直立性の苔なら*Atrichum undulatum*（和名：ナミガタタチゴケ）だ。6カ月もすればびっしりと生育するだろう。わたしなら、横に伸びる根茎から小さな木のように堂々と上へ向かって育つ*Climacium americanum*（和名未定）がいい。*Climacium*属（和名：コウヤノマンネングサ属）は定着が早く、その新芽の輝きはなんとも魅力的だ。*Leucobryum albidum*（和名未定）や、*Leucobryum glaucum*（和名：シロシラガゴケ）の群落を小さな断片にほぐしていると、この苔がピンクッション・モスという一般名で呼ばれている理由がわかるだろう。丸く小さいピンクッションに本当によく似ているのだ。

群落から苔の断片を分離させるには、手を使っても鋏を使ってもよい。匍匐性の苔は、2.5〜5センチの大きさにそっとほぐして分離させよう。*Ceratodon*属（和名：ヤノウエノアカゴケ属）や*Bryum*属（和名：ハリガネゴケ属）のような微小な苔ならば、丸めるように手で強くこすり合わせて、群落から個々の苔に分離させよう。*Polytrichum*属（和名：スギゴケ属）や*Climacium*属（和名：コウヤノマンネングサ属）など、苔によっては茎が固い場合もあり、細かくするには鋏を使わなければならないこともあるだろう。もし仮根に土がついていたら、それも崩しておこう。わたしはこの断片の山をふるいにかけては、1.2〜2.5センチくらいの均一な大きさになるまで刻み続ける。断片はふんだんに播けば播くほど、成功率は高まる。分量が少ないと、群落に育つまでには時間がかかるだろう。

夢中になって断片を播いた後は何をするべきか。もうおわかりだろう。「苔に水やりをして歩く」のだ。これで苔の断片は土に定着し、群落へと育ち始める。新たに苔を植えた場所では、少なくとも最初の1カ月はきちんと水やりをして歩いてほしい。水やりをして歩けば、風に吹き飛ばされることもない。播き苔法の定着期に、苔の断片や群落を固定させるため、網やチーズクロス※を広げて覆いをかけるのが好ましい場合もある。苔は育つにつれ、お互いにつながって群落を形成し始める。日常の手入れ（ごみ、落ち葉、雑草の除去）を続ければ、6カ月〜2

ミルクセーキ法

断片から育てる方法の1つとしてミルクセーキ法は広く奨励されているが、あまり成功したためしがない。この方法では苔をブレンダーで粉々にする。その前に、これからつくる混合液の材料として、適切な苔を選ぶ必要がある。どの苔でも好結果が出るわけではないからだ。生きた苔でなく袋入りのドライモスを使うと、成功率は目に見えて下がる。また、持っているブレンダーをダメにする恐れもあるので、中古品店で苔専用に使うものを買ったほうがいい。苔は混ぜている途中でありえないほど刃にからみつくことがあるからだ。苔を混ぜ込む液状物については、ミルクセーキ法の支持者たちは多くの選択肢を挙げている。バターミルク、ビール、ヨーグルト、高吸収性ポリマー、砂糖水など。次に、その混合液を、地面、石垣、コンクリート製の小像など苔を植え付けたい物の表面にかけたり、刷毛で塗りつけたりする。あとは、苔が生え始めるまで、最初の嵐で洗い流されないか、焼けつくような太陽で干からびたりしないか、目を光らせている必要がある。

わたしは一度ならず、細心の注意を払ってこの方法を試し、計画的な実験も行ったが、その成果はかなり偶然に左右されるという結論に至った。土台が多孔質であれば、うまくいく可能性があることは確認できた。人造石も天然石に比べれば効果がありそうだ。しかし、わたしの犬はバターミルクの味が好きで、混合液をなめ取ってしまったため、わたしのミルクセーキ法の実験は終わりを告げた。もしすべての環境的な条件が満たされ、この混合液が雨や太陽、おなかを空かせた生き物にも邪魔されずに生き残ることができれば、あなたは成功を自慢できる数少ないひとりになれるかもしれない。この手法がメディアで広まり、わたしの講演会でも多くの人がミルクセーキ法について尋ねてくるが、わたしが出会った中で、この方法がうまくいったと証明できた人はたった二人しかいない。わたし自身も満足いく結果が出せなかったのは言うまでもない。

※ ガーゼ

年くらいで成長した姿が楽しめるだろう。

すぐに成果が得られる植え付け法

これまでに紹介したどの方法も時間がかかりすぎると思うガーデナーは、モス・ガーデニングの階段をさらにもう一段のぼって、広い場所に計画的に苔を植えることを考えてはどうだろう。苔を隙間なく植える方法を採用すると、植え終わるまでに数時間はかかるが、広い範囲でも数日間あれば完了できる。環境条件を判断し、早めに計画を立て、「適切な苔を適切な場所に」のルールを守れば、苔の楽しみはますます膨らみ、しかもすぐにその見返りを手に入れられるだろう。隙間なく苔を植えるとき、アドレナリンが分泌されて高揚した気分になるのは、ほかでは味わえない至高の体験だ。

エクステリアにも手を入れたいと思うなら、まずそこから始めよう。巨石はインパクトがあ

っていい味を出せる上、ベンチやちょっと腰かける場所としても利用できる。数百キロの重さがあり、動かすといっても家具と同じようにはいかないので、配達してもらう前にどこに置くのか考えておこう。農業用の作業車やブルドーザーがあれば、表土（と雑草）を取り除くときに利用する。また、時間があるうちに平らな地面に小さな起伏を持たせておこう。小さなサイズの石を入手して花壇や装飾用に使うのもいい。わたしの好きな石は、乳白色の石英と川で拾う滑らかな石だ。誰もが庭へ誘（いざな）われるような、見どころを作ろう。新たに樹木や低木、花も植えるなら、苔を植え付ける前にすませておく。小道や散歩道、そしてパティオや火を燃やせる場所をどこに配置するかも考えなくてはならない。水辺を作るなら、今がその時だ。あらゆる造園素材の設置も苔の導入前にすませておこう。言い換えれば、苔の芸術表現に取り掛かる前に、

クッキーシート法では、クッキーシートに小さな生地の塊を並べるように、苔の群落を配置していく。周辺は苔の断片で埋める

をクッキーシートに並べるように。1種類の苔を植えてもいいし、いろいろな種類（直立性と匍匐性）を組み合わせてもよい。複数の苔を組み合わせるときは、変化があり、季節ごとの美しさが楽しめ、長持ちするように選ぶこと。群落同士は、本体の大きさと同じかその倍くらいの間隔をあけて植えよう。苔のクッキー、つまり群落を並べたところは、緑の模様が点々として、造成した花壇に大量の植物を植えたときの様子に似ている。できる限り、苔が胞子体をつけている状態で植えるのがいい。風の力を借りれば、胞子を新たな場所にまき散らせるのだ。

クッキーシート法の成功率を高め、群落が早くつながるように育てるには、苔の断片や小さな塊を群落の間に播くとよい。そよ風を利用して手で播くと、むらなく播くことができる。トレーやふるいなどを使ってもいいだろう。米作で箕ざるを使って米ともみ殻を分けるイメージだ。厚く播けば播くほど、苔はよく広がる。

クッキーシート法での植え付けの仕上げは、水やりをし、苔の群落と断片の上を歩くことだ。群落と断片が植えた場所に定着するまで、一時的に動物除けネットで覆ってもいいだろう。なお、ネットをかける長所と短所については、次章でもう少し詳しく触れる。

日々の手入れと水やりを続けていれば、3〜6カ月である程度の生育が見られるはずだ。生育のための好条件が揃っていれば、苔のクッキーと断片は1年くらいでひとつになり、大きく広がった苔のカーペットになるだろう。

隙間なく植える

苔を隙間なく植える方法は、魔法の杖を振って、苔庭を瞬時に出現させるようなものだ。やり方は、苔が地面を覆い尽くすまで、隙間を作ることなく苔の群落を土や防草シートに植えていくというものだ。均一で継ぎ目のない広がりを目指すなら、1種類の苔を植えるか、遠くからの見た目が同じような苔を何種か使うといい。芸術的に演出したいのなら、1つの種の苔を大きなまとまりに植え、その隣には対照的な質感

庭の風景をきちんと描いておくということだ。

ほとんどの苔は、固く締まった、植物が生えそうもない土壌にも直接植え付けできる。土を耕したり、ほぐしたり、肥料を施したりする必要もない。もっとも、土の表面に少し起伏があると、湿気をためるくぼみや水路ができるので望ましい。植える場所を少し湿らせ、水がどのように溜まるのか、ところどころ観察してみよう。踵の高厚い靴で歩き回れば、さらに細かい凹凸がつけられる。頑丈な爪のついた鍬か三又熊手を使って、浅い水路ができるように少しくぼみをつけてもいいだろう。傾斜地では、斜面に対して直角ではなく平行に溝をつける。

クッキーシート法

わたしがクッキーシート法と呼んでいる方法は、まずまずの好結果が得られ、時間もかからない。計画通りに育たない可能性のある播き苔法に比べると、概してずっと短時間で成果が出る方法だ。待つ期間があるとはいっても、望み通りの緑により早く到達できる。

まず、準備ができた地面に手のひらサイズの群落を整然と置いていく。丸めたクッキー生地

や異なる緑の色合いを持った種を植えてみては
どうだろう。

　パレットに絵の具を置くように、種類ごとに
苔を並べてみるという方法もある。一目で質感
や形状、緑の濃淡の違いがわかるはずだ。個性
的な形状で目を引く苔にも注目しよう。生育過
程で色鮮やかな胞子体をつけて様相を変える群
落が、デザインのアイディアを引き出してくれ
ることもあるだろう。すでに頭の中でこうと決
めた計画があっても、それにとらわれることな
く、つねに別の種の苔、別の植物、別の園芸素
材との組み合わせを選択肢に持っていたい。も
はやあなたは園芸家というより、苔の芸術家な
のだ。直観的で右脳タイプの人は、渦巻き型や
流線型のデザインで植えてみよう。分析的思考
に長けた左脳タイプの人は、円やチェス盤のよ
うな幾何学模様にすると大きなインパクトが生
まれるかもしれない。先細りの棒などのとがっ
た道具で、デザインした模様の輪郭を地面に描
こう。さらに手の込んだ模様に取り組むつもり
なら、輪郭がよく見えるようにデザインに沿っ
てロープを置くなど、工夫が必要だ。

　植え付けは好きな場所から始めよう。わたし
がよくやるのは、いちばん目を引く部分、たと
えば、樹木や巨石を始点に選び、そこから作業
を進める方法だ。苔のトレイをいくつか、植え
たい場所の近くに置く。植え付けを楽にするグ
ッズ（スツールや膝を保護するための敷パッド
など）から簡単に手が届くところがよい。最初
の区画で作業を終えたら、後ろを向いて、たっ
た今植えたばかりの苔の上に座って周囲を見回
そう。この眺めをもとに植え広げていけばいい
のだ。こんなすてきな体験ができるのもモス・
ガーデナーならでは。ふつうのガーデニングで
は、植えたばかりの植物にじかに座ることなん

上　1つの種で均質感を出すより、数種の苔が調和しながら育
つ過程で見せる質感の変化を楽しみたい
中　苔の上に座って仕事をしてもいい。石垣の隙間に植えた苔
が生み出したすばらしい成果にご注目
下　あると便利な細い小枝は、苔の縁を重ね合わせたり、交互
にかみ合わせたりするのに利用できる

小山のように生育した群落を次々と植えていくのは簡単だ。隙間を作らないように、ぴたりと寄せて植えていく

て、まずないだろう。しかも、苔にとってはそれがプラスになる。

　それでは、端に置いてあるトレイから最初に植える群落を選ぼう。片手で苔を持ち、もう一方の手で緑色の面を強くはたいて、ふっくらさせる。植え付ける場所の上で作業すれば、断片はすべて望み通りの場所に落下する。群落をひっくり返してよく振ろう。泥の塊や汚いごみがあれば、上から取り除こう。生き生きと滑らかに見えるように、小さな苔は、専用に用意した歯ブラシで、なでるようにブラシをかけてやるといい。

　植え付けを始めたら、マット状に育った匍匐性の苔は隣り合わせにして、縁を重ねてかみ合わせるようにつなげよう。かみ合わせたら、つなぎ目を押さえて整え、結合を促す。自然に生育した苔の群落は形が不揃いなので、初めはきちんとつなげるのが多少難しいかもしれない。

しかし、作業を始め、植え付け手順に慣れてくると、次にどの群落を使えばいいかわかるようになる。群落はパズルやパッチワークキルトのようにきちんとつながるのだ。ナーセリーから苔を入手した場合は、群落は育ったトレイの形をしているものだ。縁がもっと不揃いなものを使いたいときは、群落をそっと引き伸ばせばよい。幾何学的なデザインに仕上げるときは、トレイで育苗されたままのはっきりした縁のラインを生かそう。また、鋏でおもしろい形に切り出すこともできる。主役級のアクセントプラントの周りでは、アクセントプラントを取り囲むように苔を敷き込むか、苔のマットに穴を開けてアクセントプラントを覗かせればいい。匍匐性の苔の群落をつなぐときは、細い小枝を使って、縁がばらばらにならないよう固定しておくと便利だ。

　直立性の苔の場合は、群落をぎゅうぎゅう詰

め込むように寄せて植える。後方に高さのある
苔を配置して、手前に丈の低い苔を植えるなど、
奥行も考えてみよう。群落はしっかりと地面に
押しつけること。わたしは父から「卑怯なマネ
はするな」と教えられてきたが、苔に手加減は
必要ない。残酷に聞こえるかもしれないが、わ
たしは*Polytrichum*属（和名：スギゴケ属）の
大きな群落をしっかり定着させようと、こぶし
で殴りつけたり、踏みつけたりすることもある。

　大きな苔の群落をこぶしで殴りつけて地面に
植える方法は、ガーデニングの観点からは常軌
を逸しているかもしれない。けれども、わたし
はほかにも苔に効果的で、型にはまらない方法
を見つけている。昔から地面の上を転がりまわ
るのが好きだったので、ふつうに柔らかな苔の
カーペットの上で寝ころんでいたものだが、そ
れは仮根を効果的に定着させる方法の1つでも
あった。苔植物と生殖機能を持つ優美な胞子体
は柔軟性に優れ、直立姿勢に戻ろうとする性質
があるので、上に寝転んでも問題ない。もちろ
ん、最終的には、「苔の上を歩く」といういつ
もの方法を勧める。造園業者なら、地ならし用
具やロードローラーを使うこともあるだろう。

　最終的なゴールへ向けて、ときどき休んでは、
芸術的な効果を観賞しよう。達成感を感じるこ
とはモス・ガーデニングを続ける原動力になる。
最後にはどんな庭になるかを考えると、気持ち
が高まってくるはず。苔が庭を一変させるのを
目の当たりにすると、こんな大きな喜びをこん
なすぐに感じられるのは、「隙間なく植える」
という方法によるものだということがよくわか
る。まっさらの地面に、数時間、あるいは数日
間で苔の芸術作品が完成するのは、実に驚嘆す
べき体験といえるだろう。

緑のカーペットを敷く

　レッドカーペットの上を誇らしげに歩くのは
ハリウッドスターの夢だけど、モス・ガーデナ
ーの夢は、緑のカーペットの上を散策すること
だ。わたしたちはこの究極のイベントのためな
ら何年も待つことを厭わない。苔の生育を促し

上　鋏かロータリーカッターで苔のマットを切って、利用する
サイズに合わせたり、壁面を飾る図形や文字を切り出したりす
ることができる。

下　苔のマットは、手軽に敷き込めて、すぐに満足感が得られ
る。

て、待つ時間を短縮するのもありだけれど、芝生好きの人が切り芝を敷き詰めるように、苔のカーペットを敷き広げるのだってすばらしいことではないかしら？　その瞬間から満足を得られるのなら、これ以上のことはない。

わたしの苔ナーセリーでも、日陰を好む苔と日なたを好む苔をそれぞれ、すぐ使えるマット状に育てている。一辺180センチの正方形（3.2平方メートル）を標準サイズとして扱い、それ以外の形と大きさの特別注文も受けている。庭に苔のマットを敷き詰めるだけという、何よりも簡単な方法に、斬新な発想のデザインと幾何学的な模様を加えれば、劇的な演出が可能になるだろう。

実際、苔のカーペットを敷き広げることは簡単だ。敷きたい場所の雑草を抜く必要さえなく、ごみを取り除き、マットを広げるだけ。マットとマットの縁を互いにつなぎ合わせれば、規模の大きな造園にも対応できる。苔のマットは鋏で簡単に切れるので、庭の見どころになる個性的な形や幾何学的な模様を作ることも、細長く切って小道に敷くこともできる。造園用の固定ピンを効果的に利用してマットの縁を固定しよう。最後に、水やりを忘れずに。敷きたてのエメラルドのカーペットの上を高貴な気分で歩く喜びを存分に味わおう。

贅沢な一面の緑、極上のパティオ、そして美しい石垣

苔好きなら、心地よい緑一面の庭を造り、パティオの石畳や石垣などのエクステリアに苔で趣を添えることを夢見るものだ。もちろん、どれも実現可能。あとは、費やす時間と苔への関わり方次第だ。

緑一面の苔庭に着手する

もし、芝生で苔と戦っているのなら、もうあきらめて、苔に勝利を譲ってもいい頃かもしれ

ない。まず初めに、芝の種子を播くのをやめ、土壌に石灰をまこう。次の大事なステップは、あらゆるごみを土が見えるところまで取り除くことだ。挫折しないように、手に余る以上の仕事はしないこと。広い場所を苔で満たそうとする壮大な計画は、実行するにも管理するにも、お金と時間がかかるもの。数ヘクタールの芝を苔に置き換えるだけでも大変な仕事だ。現実的に考えて、苔一面の庭にするために費やせる資金と時間に適した計画となるよう調整しよう。

芝生の均質な外観に似せるより、苔のさまざまな質感や多彩な緑色を生かすように、複数の種を導入して、四季を通じて変化する多彩な魅力を楽しむことを考えよう。美しい芝生に欠かせない肥料や除草剤、殺虫剤は使わずにすむ一方で、水やりは必要だ。苔には短時間のこまめな水やりが適している。水浸しにするほど水栓を開けておく必要はない。それによって、水の消費量も抑えられる。

エクステリアの水平面に苔を植える

優雅なパティオに極上の味わいを添えるには、石や煉瓦を敷いたときにできる隙間に苔を植えるといい。苔の装飾を加えることで、石や煉瓦が持つ硬い表情が緑で和らぐ。苔は、パティオだけでなく、水はけのいい敷地内の車道や散歩道にも利用できる。エポキシ樹脂を使って小石を敷き詰めた車道は、苔を植え付ける格好の場所だ。小石の隙間を縫うように苔を生えれば、小石は印象的なアクセントになるだろう。最後に、「播き苔法」で苔を増やしたり、「隙間なく植える方法」で苔を敷き詰めれば、誰もが羨む空間になること間違いなし。

石の隙間に苔を植えるときは、ごく狭い場所

上　池の周囲の石垣のわずかな隙間に苔を植え付けたときは、ウェーダー（釣り人用の一体型防水ズボン）をはき、垣を乗り越えて池の中に入り込んだ

下　パティオや小道の敷石と苔とのコンビネーションは、思った通りのできばえだ

苔庭をつくる　植え付けと繁殖

苔で作るグリーンウォール

　都市に暮らす人々はコンクリートジャングルに緑をプラスして癒されたいと思う気持ちが強く、グリーンウォールの人気が高まっている。大小の袋に入ったSphagnum属（和名：ミズゴケ属）の苔（ピート・モス）は、ほかの植物を植えるための園芸素材として使われることがよくある。しかし、わたしの考えはもちろん、美しい苔をグリーンウォールの主役にすることだ。その目的を達成するため、わたしは軽量の持ち運び可能なパネルに匍匐性の苔を植える方法を開発した。水平に置いたパネルの上で苔を育ててから、枠をつけて垂直方向につるすのだ。風にそよがせてもいいし、壁に貼りつけてしまってもいい。

　わたしが行ってきた実験のすべてに言えることだが、本当に成功したかどうかの物差しは、パネルが時の試練にどれだけ耐えられるかだ。とりわけ激しい嵐が吹き荒れたある晩のこと、わたしは何かが打ちつける大きな音を聞いて、実験中の苔パネルがあたりにぶつかっているのだろうと心配していた。翌日、パネルの角のひとつがフックから外れたために、バタバタ風にあおられて騒音を立てていたとわかった。ホッとしたのは、苔がひとかけらも落ちていなかったことだ。マウンテン・モス社の生きた苔のパネルは暴風や豪雨、あられ混じりの嵐にも持ちこたえることが証明されたと報告できて嬉しい。

左　苔の仮根が土台に付着してしまえば、植え付け済みのパネルや苔のマットを垂直方向につるすことができる
右　苔で作った壁用パネルは、都会のバルコニーや町中の屋根を緑化するすばらしい方法だ

でも生育できる苔を選ぼう。前述したように、Bryum属（和名：ハリガネゴケ属）、Ceratodon属（和名：ヤノウエノアカゴケ属）、Entodon属（和名：ツヤゴケ属）など世界中で見られる数種の苔の中には、照り返しの高温に耐性を持つものがある。最初の2種は実際に直射日光のあたる場所を好むが、Entodon属（和名：ツヤゴケ属）は日なたでも日陰でもよく育つ。わたしの経験から言うと、Bryum argenteum（和名：ギンゴケ）は消えてしまったことがあった。もっとも、そこはうっそうとして日光が射さない、じめじめした気温が上がらない小道だった。

　もし、苔を植えたいエクステリアが日陰にあるなら、選べる苔は多い。直立性の苔を選ぶ人が多いのは、匍匐性の苔とは違って、舗装面を広がっていこうとする性質がないからだろう。物体の表面に細孔が多いほど、苔はそこで生育しやすいということを覚えておいてほしい。粘板岩や粘土質砂岩には苔が生えない（長い時間が経つうちには、これらにも苔が定着する可能性はある）が、あまり時を待たずに石灰岩や花崗岩には苔の広がりが見られる。

　播き苔法は、わずかな隙間を埋めるには、何より簡単な方法だ。すぐに結果を出したければ、隙間なく植える方法を選ぼう。あらかじめ言っておくが、小さな群落を石の隙間に植える作業はうんざりするものだ。とてもたくさんの小さな群落を植えるので、想像以上に時間がかかる。石や煉瓦を敷いたときにできる目地をならして、苔を植える土台として整えるためには、いろいろな素材が役に立つ。石の粉は排水を妨げるので、湿気を好む多くの苔には利点となる。クラッシャーランと呼ばれる素材には、いろいろなサイズの砕いた石が含まれており、粉も混じっているが大部分が粒なので水はけがよくなる。水はけのよい状態を好むのはLeucobryum属（和名：シラガゴケ属）だ。さらに水はけのいい砂利や砂を使う場合、土と松葉と腐葉土を混ぜた

ものを加えれば、Leucobryum属以外の苔にも使える。断片を播くのではなく、生きた苔（特に直立性のもの）を使うなら、すでに仮根に付着している土が、石の隙間に定着するのを助けてくれる。

　砂利や砂は、どんなタイプでもかなり散らかりやすい。手近に手ぼうきを用意して作業場のごみをこまめに取り除き、植えたばかりの苔の上に辺りの砂が吹き飛ぶのを最小限に抑えよう。また、作業を始める前に、石に水をかけて隙間に入ったすべての砂を取り去っておくこと。作業中も、余分な砂は掃いておく。移植ごてを使って、苔を植える浅い溝を石の間に掘ろう。正しいことをしているという意識を持って、苔をしっかりと植える。そして、手ぼうきとちりとりを使って掃く。仕上げに、水やりをして、植え込んだばかりの苔の上を歩こう。重労働はきっと報われる。苔が生えているだけで、庭に置かれている物には、そこはかとない悠久の味わいが生まれるのだ。

石垣を柔らかい雰囲気に

　人工の造園素材は、苔の魅力が加わると、確実に見栄えがよくなる。石や煉瓦の上でうまく育つ苔を壁面に添えてみてはどうだろう。土台となる石や煉瓦にこもる熱に強い苔を選ぼう。植え付けは至って簡単だ。小さな群落か苔の断片をモルタルのわずかな割れ目や自然にできた隙間に押し込んでやればいい。群落についている土は少量をそのまま残して利用するか、粘土や腐植土を混ぜた土を補充用に準備しよう。まず石に水をかけ、それから苔と培養土をしっかり押し込んでいく。そしてまた水をやり、再び押し込む。ほかには苔をのりづけする方法もある。仮根には苔に養分を運ぶ機能がないので、煉瓦工事用の接着剤や2剤を混合して重合体を作るエポキシ樹脂を使ってもいい。

手入れとトラブル対策

苔庭の美しさを
いつまでも

Dicranum scoparium（和名：
カモジゴケ）の群落はリスや鳥
に荒らされやすい。ネットをか
ければ被害は少なくなるだろう

苔のすばらしさを長続きさせるには、健康状態と生育環境とを良好にキープすることが欠かせない。苔の維持管理にかかる手間はまったくないと言いたいところだが、現実は、壮麗な苔庭には継続的な手入れが必要だ。

苔庭の不思議な魅力を維持するには、雑多な仕事が山ほどあると思っていたほうがいい。多少の労力を必要とする仕事もたまには発生するが、日々やることは比較的簡単だ。まずは、水やりをすることをぜひともお勧めする。ごみやチリも片づけなければならない。ダメージを受けた部分の修復も必要だ。雑草の除去も継続的に行う必要がある。

苔の生育を促して維持するのに骨を惜しんではいけない。日々、手入れをすれば、結果として豊かで健康に育った苔の群落となって、努力は報われる。やると決めたことが重荷にならないように、必要な仕事は先に片づけるようにしよう。苔庭を手入れすると心が落ち着いてくる。このことに喜びを感じてほしいし、悟りへの道としてその過程を楽しんでほしい。

苔に顔を近づけよう

手入れの必要があるかどうか常に注意し、必要な対策を講じることはガーデニングの基本。まずは庭をよく見ることから始めよう。注意して苔庭を歩けば、苔が何を必要としているかが見えてくる。気がかりな点をリストにして、問題一掃プランを立てよう。紙に書き出さなくても、頭の中でやればよい。庭全体を見渡すと、強い風や激しい雷雨で生じた落ち葉や折れた枝が簡単に見つかるだろう。

もう少しよく見てみると、積もった針葉樹の葉やどんぐりなどの小さなごみが見つかるだろう。苔に顔を近づけてみると、まだ若くて容易に取り除ける雑草が見えてくる。いくらもしないうちに、苔に影響を与える環境要因とはどんなものかを見極める鋭い目も養われてくる。とくに、水分が足りているか、乾燥しているかは、ひと目で判別できるようになるはずだ。観察眼が磨かれると、緑の色合いを一見しただけで、苔庭に水やりをする頃合いだとわかる。

苔の上を歩こう

チューリップ畑を通るときは、つま先立ちで歩こうとするだろう。しかし、苔の上を歩くことは、苔をよい状態に保つ有効な手段としてすでに確立されている。だから、苔庭ではそっと歩かなくてもよい。とはいえ、踏みつけたり、苔の群落を蹴散らしたり、農作業用の重い靴を引きずって歩いたりするのは論外だ。いつ苔の上を歩いてもかまわないが、水やりの後や断片を植えた後、修復作業の後などが特によい。群落や断片を湿った土にしっかり押さえつけるように歩くのがポイントで、これによって苔が新しい場所に定着しやすくなる。「種まき」のように散らしただけの断片も、土に埋まって風に飛ばされなくなるのだ。

苔の外観を健康的に保つには、少しばかりの労力を必要とするが、十分報われるはずだ

手入れとトラブル対策

苔庭の美しさをいつまでも

長い時間が経つと、群落の苔が生活の場を広げて、庭の砂利道を緑色にする。
草むしりをしながら苔の断片を投げ込むと、道はもっと早く緑色になる

　動物のいたずらや悪天候でダメージを受けた箇所を修復するために苔を植え直したときは、その区画を一定の力で押さえるように歩こう。速足で歩いたり、ねじ込むような動きをするのは割けること。匍匐性の苔の群落を植え直したときは、端を押さえるように歩くのをお忘れなく。わたしはまんべんなくよちよち歩きをするようにしている。そのあと、水やりをして、さらにもう何回か歩こう。これまでに学んできたとおり、苔の上を歩くと、仮根の定着が促され、効率よく苔が育つ。

　苔の上を歩くのがいいからといって、足跡がつくほど強く押さえつける（訪問者がやってしまいがち）と苔がちぎれたり傷んだりしてしまう。気に入った道に何も生えていない場所ができていたら、そこに苔を植え直すといった定期的なメンテナンスも必要になるだろう。ひっきりなしに訪問者が上を歩くのに耐えられる苔の道を作りたいなら、丸石や砂利を敷くことをお勧めする。小石はいずれ土に潜って見えなくなるので、シートなどの下地を敷いてから並べるといい。それから苔の断片を石の間に投げ込んで、その上をびくびくせずに歩こう。ダメージを受けることもなく、苔は育つだろう。

ヒントを見逃さないで

　苔庭を歩いていると、外観の変化に気づくことがある。このような気づきが、苔の扱い方への理解を深めてくれる。変化が環境からのストレスによるものなのか、ライフサイクルによるものなのかがわかれば、修復が必要かどうか判断できる。しなびているのは、乾燥していて水を必要としているサインだ。水やりをすればたちまち水分を吸収して、もとの元気な姿を見せてくれるだろう。そうなれば安心。だが、みずみずしい状態に戻らないのであれば、そうしょっちゅうあることではないが、何か問題が起きているのかもしれない。さらに、紅葉や生殖の

前ページ上　木の葉や松葉、そのほかのごみが積もるのは秋に限ったことではない。どの季節でも、ごみはこまめに取り除こう
前ページ下　定期的にごみや雑草を除去していれば、手に負えなくなるような問題も発生しない

時期には色が変わることも思い出そう。

　もちろん、変化の幅を理解するためには、あなたの苔のふつうの状態がどういうものなのかを知っておく必要がある。学ぶ過程で、写真は参考になるが、大きな変化やかすかな違いを見極める能力を高めるには、庭で実物を見るのが一番だ。目安となるポイントをつかむために、苔が水分を含んだ理想的な状態にあるときの特徴を調べておこう。葉の形状や色の違いなどの特徴は、苔が満足な状態にあるか、そうでないかを判断する目安になる。

色で健康状態を知る

　緑の輝きは多くのモス・ガーデナーが目指すところだが、苔をよく知る人なら、苔が非常に幅広い緑色を示すことを理解している。その色合いは濃い深緑色、黄色がかった濃い緑色、エキゾチックなエメラルドグリーン、金色を帯びたライムグリーンなど多岐にわたる。さらにはブロンズなどのきらびやかな色も、蘚苔類の世界には存在する。さまざまな種類の苔がそれぞれ大きく異なる緑色を呈する上に、1つの苔が気象状態や生育段階に応じてさまざまな色合いの緑色を示すわけだ。恵みの雨や新芽が吹き出した後の緑は活気があるが、休眠中の苔、年寄りの苔、乾燥した苔はさえない色をしている。

　苔の色が悪くなったときは、乾燥してきたか、枯れる寸前であることを示している場合もあるが、そうではないときもある。*Atrichum*属（和名：タチゴケ属）は先端が燃えるようなオレンジ色になることがあるが、これは造精器で、病気ではない。メロンのような色をした*Hedwigia*属（和名：ヒジキゴケ属）には黒っぽい葉柄があるが、これも病気ではない。わたしは茶色があまり好きではないが、*Polytrichum*属（和名：スギゴケ属）や*Atrichum*属（和名：タチゴケ属）、*Climacium*属（和名：コウヤノマンネングサ属）に属する一部の苔は、ふつうの状態でも茶色を示すときがあることが知られている。成熟した*Polytrichum*属（和名：スギゴケ属）の群落では、年とった株はさびのような茶色になる。その先

端からは、毎年2センチほどの緑の芽が吹き出してくる。

　水分は苔の好物だが、湿った状態になるのを好まない苔もある。*Hypnum*属（和名：ハイゴケ属）を長い間、水につけておくと気持ちの悪い茶色になり、ひどい目に遭っていると訴えているかのようだ。一方、銀色の*Bryum*属（和名：ハリガネゴケ属）が鈍い灰色になったときは、熱気と陽光のせいであることが多い。苔は極端な気候に対しても極めてよく耐えるので、再び湿気を与えればたいてい生き返る。しかし、生き返らない例もあり、灰色になった*Leucobryum*属（和名：シラガゴケ属）などは枯れるしかない。一方で、この苔の群落が真っ黒になったとき、それから1カ月も経たないうちに緑色のとがった新芽が伸びてくるのをわたしは見たことがある。すごい回復力だ。

　*Hypnum*属（和名：ハイゴケ属）と*Thuidium*属（和名：シノブゴケ属）の苔が黄色に変わるのは病気ではなく、日光に当たりすぎたサインだ。黄色くなった*Hypnum*属（和名：ハイゴケ属）を日陰に移したところ、2日ほどで濃い緑色に戻った。明るい黄色の苔は健康体だが、土気色にくすんだ焦げ茶色になっているときは不健康な状態の表れだ。病んだ苔が元に戻るには時間がかかる。おそらく、6カ月から1年はかかるだろうし、元に戻らないこともある。*Dicranum*属（和名：シッポゴケ属）の苔が群落の中心から黄色くなったときは、枯れていく途中だ。以前、わたしは*Dicranum*属（和名：シッポゴケ属）の苔を一時的に日当たりのよい暑い場所に置いたことがある。みずみずしい緑色の苔がオーブンで焼かれたようになり、2時間ほどで病的な濁った黄色になってしまった。また別の日に、たった1日太陽に当てただけで*Hypnum*属（和名：ハイゴケ属）の苔の色がほとんど失われて白くなってしまって、がっかりしたことがある。この苔は、それから何カ月、日陰に置いても元の緑色に戻ることはなかった。

　色の変化が起きるのは、苔が休眠している（つまり生存活動の速度が遅くなっている）サ

山のように盛り上がった*Polytrichum*属（和名：スギゴケ属）の群落では、新芽と一緒に茶色のひも状の古い株が見える。茶色は正常な状態で、必ずしも健康に問題があるわけではない

インだという場合もある。胞子体の時期が終わると、*Ceratodon*属（和名：ヤノウエノアカゴケ属）は光沢のない赤れんが色（ほとんど茶色）になり、群落全体が枯れてしまったように見える。それでも2週間くらい待つと、再びこんもりとした姿が見られるので、救われた気分になるだろう。しかし、休眠中でもないのに、苔が茶色や灰色、黒、白、生気のない黄色になっていたら、著しいストレスにさらされているか、

枯れかかっているサインだ。

だが、枯れてしまったと見限る前に、これらの苔にチャンスを与えてほしい。植える場所を変更するのも一案だ。日陰あるいは日なたに移植してみよう。水やりを控えているなら、水やりをするべき時期かもしれない。

環境によく気を配って、苔がどんな影響を受けているかを意識すること。苔の色が変化したときは、環境を改善する必要があるかもしれな

いので、見逃さないこと。特殊な問題を解決するための最善策をあらかじめ決めておくこと。焦らずに（数週間から1カ月ほど様子を見て）苔が息を吹き返すのを待つこと。あきらめないことが大事だ。

水やりを考える

なんとか生き延びている状態か、青々と繁栄している状態か、あなたならどちらを選ぶ？常にみずみずしい苔を見ていたいなら、水やりは欠かせない。緑が好きな人は、花や草木を育てるのに水やりは欠かせない仕事だと認識している。家庭菜園に励む人なら、野菜を収穫するために毎日の水やりが義務になっている。農場には灌漑施設があるのがふつうだ。そう、植物には水が必要なのだ。湿度が低く、降水量も少なく、よく気のつくガーデナーがいるわけでもない――そうした場合には、苔は枯れてしまう。とはいえ、広範囲に乾燥して干からびたときでも、母なる自然が乾いた葉に一雨めぐむか、あなたが元気づけの一杯を与えれば、すぐ元通りになったりする。

湿度が低く、気温が高い地域で苔を育てているなら、水やりは必須だ。日中と夜間とで寒暖の差がほとんどない（夜間に冷えることなく、高温を維持する）地域なら、苔も維管束植物も水やりか霧吹きが必要になるだろう。年間降水量の多いところでも、雨の降らない日が続いたり、乾季が訪れたりすることはある。ノースカロライナ州トランシルバニア郡では、年間降水量は2500ミリもあるけれど、わたしは毎日水やりをしている。寒くなってくると、日々のこまごまとした作業はさぼることはあっても、水やりだけは暖かい日に必ず行っている。凍てつく冬の間はホースをそのまま放置しているが、水道栓からは外して、必要なときに装着して使っている。驚いたのは、雪に閉じ込められるのと水に浸かるのとではまったく違うことだ。信じられないかもしれないが、雪が解けた後の苔はむしろ乾燥している。

節水を気にする人もいるだろうが、苔が必要とする水の量はほかの植物ほど多くない。少量の水やりで全体にすぐ水が行き渡る。苔が満足するまで水やりをするのに、それほど時間はかからない。1回の水やりで1〜5分で十分だろう。夏の暑い時期には、1日に数回水をやるのがよい。霧を吹いて灌漑できる設備なら、すばやく全体に水を行き渡らせることが可能だ。こうした文明の利器を活用すれば、水やりの時間を短縮できる。

水分は苔が元気に育つためのキーファクターだ。水やりをするタイミングと時間さえ把握していれば、きっとうまくいく。でも、成功の秘訣に飛びつく前に、水質と苔の関係について押さえておきたい。水質について考えるときは、雪や雨も対象だ。環境要因がどのように絡み合っているかがわかると、よりよいモス・ガーデニングができるだろう。

水質について

ある地域や都市のモス・ガーデナーが水質を気にかけるのは当然だ。わたし自身は水やりに上水を使ってひどい目に遭ったことはないが、苔に塩分が蓄積されているといった問題を提起しているモス・ガーデナーもいる。硬水はマグネシウムとカルシウムを含み、これらは蓄積しやすい塩化物を形成する。井戸があるといっても、ミネラル含量の高い水は悪い影響を及ぼす。地元の土壌・水管理局に問い合わせて、住んでいる地域の水質が農業やガーデニングに適しているかを把握しよう。

アメリカでは、上水道の水は環境保護庁の飲料水の水質基準に適合しなければならない。環境保護庁よりも厳しい基準を設けている州もある。では、あなたが使う水はどのくらい清浄なのだろうか。不純物のせいで水質が損なわれていないだろうか。都市部に住んでいる人なら、そこの水質は環境保護庁の試験成績書をチェックすればわかる。

飲料水を供給するために水は塩素やクロラミンで処理されるが、これらは苔に悪い影響を与

雪は苔に害を与えることはないが、水分を供給するわけではない。雪が解けなければ、苔はその水分を利用できない

えたりしないのだろうか。わたしの近隣450世帯は、井戸水を水道に利用している。この水は環境保護庁の水質基準を満たしており、消毒に使った塩素が残留しているが、わたしはそんな微量の塩素はあまり気にしていない。というのも、何年間もその水を飲んで、健康被害がなかったからだ。漂白作用を示すほどの塩素が残留している水を苔に与えたら、間違いなく枯れるだろうけれど。水道水も、じょうろやバケツ、ホースから直接苔にどっとかけたりすれば、塩素によるダメージを受けるかもしれない。お勧めは霧状にして散水する方法だ。水の表面積が増えて、苔に届く前に塩素ガスが抜けることになるからだ。

　水質に疑わしい点があっても、がっかりすることはない。いい方法がある。蛇口に浄化装置をつければよいのだ。塩素や鉄分、水銀や鉛のほか、望ましくない揮発性の有機化合物を取り除くフィルターを通せば、植物に悪い水はかからない。生活雑排水（風呂の残り湯や台所排水を集めたもの）を庭にまく人も増えているが、

ここに含まれる塩分やせっけんの成分が苔にとって有害か否かは知っておきたいものだ。生活雑排水が苔にどういう影響を及ぼすかについて、まだ十分な知見はない。生活雑排水を再利用するときは、庭にまく前にフィルターを通すとよいだろう。水質が気になるなら、濾過装置を購入して不安を軽減しよう。これで気がかりなことはなくなるはずだ。容器に入った蒸留水がガーデニングに必要になるケースはめったにない。

　雨も雪も厳密には純粋な水とはいえない。空中の汚染物質を取り込んで降ってくるからだ。雨滴は酸性側に傾き、pHは6よりもわずかに低い。クレムゾン大学の市民公開講座で「多量の雨は土壌からカルシウムやマグネシウムなどの塩基性栄養分を流し出し、アルミニウムや鉄分などの酸性成分に置き換えてしまう。そのため、雨がよく降る場所では、乾燥した地域よりも土壌が酸性になりやすい」という話を聞いた。水道水だけではなく、井戸水、雨水、雪解け水のpHは土壌のpHに影響する。つまり苔にも影響するのだ。

199

酸性雨の原因としては、火山活動や植物の腐敗など自然から発生したものと、自動車や発電所などの化石燃料の燃焼が挙げられる。酸性雨のpHは5〜5.5くらいだが、自動車の多い地域や工業地帯ではpHは4くらいまで低下する。酸性雨は都市部で生成するが、風によって数百キロ先の田園地帯にまで運ばれる。石灰質土壌に酸性雨が降ると、土壌のバランスが崩れてしまう。石灰石を含まないところでは、土壌の酸性

度が高まる。わたしの住んでいる山間部では、水晶のように澄んだ水が流れているが、10年ほど前から、北東部の都市から運ばれてくる酸性雨がノースカロライナ州の植生に影響を与え始めている。大気汚染や水質汚染を山間部の人たちは懸念している。もっとも、酸性雨は環境にとって有害だが、酸性を好む苔の場合は、酸性度が高くなった土にもよく順応しているように見受けられる。

水やりのタイミングと方法

ここまでの話で、水やりの重要性は十分認識してもらえたと思う。さて、苔は水分を吸収するのも早いが、失うのもほかの植物に比べると早い。大雨の降った翌日は水やりをしなくてもいいだろう——なんて思わないこと。自然の雨だけに頼っていると、安定して水分を与えることができず、苔の美しさを損ねてしまいかねない。うっとりするような景観を維持したいなら、母なる自然の恵みを補うべく、日々の水やりを怠りなく。適切なタイミングで適量の水を与えることが大切だ。

毎朝結露するか、夜には霧の出る地域に住んでいるなら、夕方の水やりが最適だ。一年を通じて湿度の低い（空気の乾燥した）地域に住んでいるなら、昼夜を問わず水やりをするとよい。苔が乾燥していたら、月が出てからでも、深夜に水やりをしたって大丈夫だ。苔はそんなことを気にしない。夏の真昼に水やりをしても、斑点ができたり葉焼けしたりすることはなかった。ほかのガーデナーからカビに注意するよう言われたことがあるけれども、夜中に水やりをしたせいでカビが発生したという経験はない。それに、月の光は苔の生育を助けるようだ。維管束植物と同じく、苔にはインドール-3-酢酸が含まれている。インドール-3-酢酸は自然界に存在する植物ホルモンのひとつで、夜間の植物の成長を促す。わたしがかつてベテランの苔栽培家から聞いた、月が及ぼすよい影響についての話が科学的に裏付けられたというわけだ。

極度に高温で、年間降水量がごく少なく、強

雨水を水やりに使う

苔に水やりをするために雨水を貯めるのは、持続可能な手段として優れている。米国の州の規制を調べてみよう。雨水の貯蔵が、とくに西部の州で規制されていると知って驚くかもしれないし、税額控除になりそうだとわかって喜ぶかもしれない。

住んでいる地域によっては、酸性雨を貯めることになるかもしれないが、育てている苔に適したpHなら、そのまま使って大丈夫だ。覚えておきたいのは、屋根から落ちてきた雨水には空中のほこりやばい煙が蓄積しているだけではなく、屋根葺きに使った材料に由来する化学物質も含まれているということ。とはいえ、わたしの住む地域では、屋根の上で苔が育っているのをふつうに見かけるので、雨水が苔に及ぼす影響という点では、それほど頭を悩ませなくてもよいと思っている。ただし、銅製の雨樋や溝を通ってきた雨水は、苔にとって有害だ。

雨水を、樽や貯水タンクに貯めることにしたとしよう。最大の問題は、どうやって楽に水をまくかだ。水の入った重いバケツやじょうろを運ぶなんてばかばかしい。電力を自給したいと思っているなら、ポンプの電源にソーラーパネルを利用しよう。電源が利用できるなら、最新式の灌漑設備が使える。おなじみの、ホースによる散水とスプリンクラーを併用する手もある。貯水槽には、ごみや沈殿物を除去するためにフィルターを設置する必要があるかもしれない。目の細かい網でふたをしておくことも大切。動物が好奇心でのぞきにきたり、水を飲みにきたりして溺れるといけないからだ。また、水がよどんで蚊が発生することのないよう注意しよう。

雨水を貯めるのはよい考えだが、庭の美観を損なわないように注意したい。合成樹脂の容器なら、色も質感もさまざまな製品が手に入る。貯水槽が目立たないよう、天然素材でカバーする手もある。竹垣をめぐらせたり、枝を編んで目隠しにしてはいかが？

毎日2〜5分間の水やりで、苔の生育が促進され、よく増殖するようになり、健康に育つ

い風の吹く地域の苔庭には、定期的に一定量の水やりをすると目に見えてよい結果が得られる。すべての条件が完璧にそろった地域でも、苔が理想からかけ離れた様子を見せているときは水をやろう。雨のない日や29℃を超える日が何日も続いているなら、とくに意識して水やりを。

苔を満足な状態に維持する簡単でお金のかからない方法は、切り替え式散水ノズルのついたホースリールを使うことだ。自分の手で散水する時間があるなら、ぜひそうしてほしい。庭中を移動しながら、苔を間近に見られるので、労力が報われた思いになる。苔に水分が行き渡って、あっという間に姿を変えるのを見ていると、魔法にかけられたような気分だ。

毎日満足に水やりをする時間がない人がいる

ことも理解している。わたし自身、とても忙しくなる日がある。その問題を解決するために、タイマー付きのスプリンクラーを使うことを奨励している。これなら、現場へ行かなくても、定刻になると散水が始まる。タイマーは6時間おきにしかセットできないものではなく、水やりの間隔と散水時間の長さや散水場所の広さを自分で設定できるタイプがお勧めだ。たとえば、わたしは首振り式スプリンクラーを苔庭に3カ所設置して、10：30と14：30と17：30に散水するよう設定している。場所によって日当たりの加減が異なるので、散水時間はそれぞれ変えてある。日の当たらないところでは2分まで、あるいは3分間だったかもしれないが、直射日光の当たるところでは5分間にセットした。

いつ、どれくらい長く散水するかは、あなたの判断で決めればいい。場所によっては、1分で十分かもしれない。一般的には、苔に十分水を行き渡らせるには2〜4分間の散水が適切とされる。散水と散水の間に苔を触ってみて、乾燥しているなら、散水の間隔を短くしよう。水分でべったりしているなら、間隔を開けたり、散水時間を短くして調節する。ときには、スプリンクラーの設置場所を変えて、むらのない状態にしたい。手始めに、わたしがやっているのと同じ時刻に散水をスタートさせてみよう。日没まで暑さが残っているときは、回数を追加するとよいだろう。寝る前に水を1杯欲しがる子どものように、暗闇が庭を包んだときの1杯の水を苔は喜ぶのだ。季節が変われば、散水の時刻と水量も変えなければならない。簡単にイメージできるだろうが、夏には水やりを多くする必要があり、寒くなって水が蒸発しなくなってきたら、水やりを控えてもよい。

雨が降って、水やりが不要なときは、タイマーをオフにして、24時間後に再開するようにセットしておけば、翌日から定期的な水やりが再開できる。翌日になっても、苔がびしょびしょしている場合は、水やりの回数と量を減らそう。定期的な水やりの再開をさらに24時間遅らせてもいいだろう。庭の苔の多くは水に浸かった状態が続くのを好まない。ある種の苔は乾燥させることで、細胞膜の修復と再活性化が起こる。

そうは言っても、一般則として、乾燥した苔を何日間あるいは何週間も放置するよりは、水をやりすぎる間違いのほうがましだ。思い出してほしい。生殖のためには水分が必要だ。受精するために精子は卵細胞まで泳いでいかなければならない。無性芽は、カップが乾燥していては、飛び出すことができない。個人的にも、水分で満たされた苔のほうが美しく見えて、気分がよい。要は、バランスのとれるポイントを見つけることだ。苔を知り、ストレスや乾燥のサインを把握しよう。たしかに、水のやりすぎには警戒すべきだが、スプリンクラーを作動させて、うっかり何時間も放置した程度のミスで、苔にたいした害はない。ともかく、トラブル対策のガイドライン、「乾燥しているときは水やりを。触ってみてべったりしているときは水やりをしない」に従ってみよう。

冷え込む冬にパイプが凍ってしまうと、スプリンクラーが使えず、水やりをあきらめざるを得ないかもしれない。それでも、冬に似合わない暖かい日が来たときには、わたしは水やりをする。差し迫って苔は水を必要とはしていないかもしれないが、水やりはわたしを幸せな気持ちにさせてくれる。冬でも、水分で満たされると緑色の変化と形態の変化が楽しめる（ただし、苔に1メートルの雪が積もっていないときに限る）。

庭に灌漑システムを導入するなら、灌漑の専門家に相談しよう。苔とほかの植物では水分に対する要求が異なる。ふつうの植物には地下灌漑システムが利用されるが、苔は霧を吹いて灌漑するのがよい。このことを伝えたうえで、長時間たっぷり水を与えられるより、短時間で頻繁に霧を吹くほうが苔にとって望ましいことも知らせよう。さらに、必要に応じて、苔の区画ごとに散水の時刻と長さをプログラミングできる設備であることを確認したい。苔への灌漑について話し合った後で、専門家に適切な水圧の計算と設定をお願いしよう。資格を持った灌漑設備業者は、水の流量、灌漑する場所、システム効率などの複雑な要因を熟知している。

何らかの苔トラブルに対処中のときは、灌漑システムの調節が必要だ。設定後はスケジュールに沿って動かしてみて、設定した時刻が適切かどうか確かめること。湿った状態のままではなく、苔が乾き始めているときに、次の時刻がくればオーケーだ。専門家が帰る前に、手動切り替え機能、とくに雨のときのタイマーオフについて実地練習するとよい。時刻合わせがうまくできなかったときや、システムに不具合が起きたときはどうすればいいのかという点には、特別に留意しよう。必要なときはいつでも灌漑設備業者に電話して、対処方法を聞くべし！

上　灌漑システムの設置。タイマー付きのスプリンクラーのおかげで、ガーデナーは日々の水やりが軽減される

下　苔を植えた場所が広くなければ、自分で水やりをしよう。リラックスできる楽しい作業だ。ノズルの設定をミストかフラットかシャワーにして使おう

203

どのような方法で水やりをすることにしても、水やりの後で苔の上を歩けばなおよし。これを習慣化すると、美しい苔庭を維持できる

ごみの除去と傷んだ苔の修復

苔庭の手入れにおける雑多な仕事の大半は、苔からではなく、ほかの植物から発生したものだと気づくだろう。とくに手間がかかるのが、秋の落ち葉の片づけだ。ただし、ごみの除去が必要なのは1年中だ。維管束植物がライフサイクルに沿って、年間を通して花や種子、ナッツや果実を落としていくからだ。当然、年中いつでも、激しい雨と強い風を伴った雷雨の後は、ごみ拾いのパトロールが必要になると思っておこう。ウィスコンシン州のデール・シーバートはこの仕事を「巡視エリアの清掃」と呼んでいる。庭の各所をパトロールするときは、吹き飛ばされた群落はないかなどのトラブルにも目を配りながら、ごみを拾おう。

苔庭をパトロールするときは、リーフブロワーが役立つだろう。強風に吹き飛ばされた群落を見つけ次第、もとの場所に戻したい誘惑にかられるだろうが、リーフブロワーのひと吹きが終わるまで待ってほしい。そうでないと、「また、飛んでいった！」となって、二度手間になるからだ。ごみ拾いや動物によるダメージの修復にかかる手間を減らしたいなら、ネットをかけることを検討してはどうだろう。落ち葉を片づけるのにリーフブロワーとネットをうまく組み合わせるとよい。しかし、ネットをかける前に、修復という仕事をマスターしておこう。

落ち葉かきはごみや枯れ葉を集めるのに昔から行われていた方法だが、モス・ガーデナーは熊手を使わない。熊手の爪が苔に引っかかると、あっさり地面から剥がれてしまうからだ。熊手を使うつもりなら、苔を傷めずに落ち葉だけを集めるテクニックを身につけよう。

枯れ葉や落ちた松葉を集めたら、モス・ガーデニング専用の堆肥づくりの始まりだ。肥えた腐植土が少し欲しいときにすぐ使えると便利だろう。野菜くずやよその庭のごみ、特に引き抜いた雑草を混ぜないこと。これらは別のごみ箱に捨てよう。

リーフブロワー

しっかり大きくなった苔は、最強にセットしたリーフブロワーの風にも吹き飛ばされないとわたしは確信している。何年もこつこつと世話をしてきて、落ち葉が濡れているときに吹き飛ばすとうまくいくことがわかった。落ち葉や小さなごみは吹き飛ばされるが、大きな群落に育った苔はその場にとどまっている。乾燥しているところに風を当てると、苔が落ち葉に巻き込まれて、悲惨なことになる。リーフブロワーは電動のものか、バッテリーで駆動するタイプなら、大気汚染に加担しなくて済むのでお勧めだ。

ホースリールで水やりをしながらごみを拾うとき、わたしは散水ノズルをフルにセットして、水流で落ち葉を苔エリアの外に飛ばしている。勢いをつけて一気に水を吹きつけるのがこつだ。強い水流を吹きつける方法は、苔エリアではない場所でも使える。だが散水ノズルをフルにセットしたまま長時間使い続けないこと。強い水流で苔が吹き飛ばされることがあるからだ。

落ち葉を吹き飛ばした後は、苔庭はかなり見栄えが良くなったように見える——少なくとも遠目には。では、もう一歩きして、リーフブロワーでは飛ばせなかったごみを拾おう。注意すれば、埋まった枝やどんぐりなどが見えてくる。大きくても小さくてもいいので、ほうきで苔を掃こう（そう、たしかにわたしは「掃く」と言った）。それでも残ったごみは、手で拾おう。熱狂的に苔をいたわる人は、部分磨き用歯ブラシを持って行って、小さな苔の周りを掃除している。

針葉樹から落ちた葉を取り除くのは、ふつうの落ち葉を拾うのよりも面倒だ。リーフブロワーとほうきと手作業は必須。手をあちこちせわしなく動かして松葉をつまみとる作業を一度やってみるといい。徹底的にきれいにするつもり

なら、何時間もかかるだろう。1本も残さず取り除くなど、ほぼ不可能だということをわたしは受け入れているし、そうすべきだと思っている。苔は、はぐれた松葉をうまく処理する。

　地面に落ちた葉はすぐに片づけなければならないというわけではない。木の葉から生じる微小な粒子が苔にとっての養分となる。また、落ち葉は苔を日焼けや乾燥から守る。実際に、落ち葉をリーフブロワーで飛ばした後に現れた苔は、覆われていなかった苔に比べて緑色が濃いときがある。葉が落ちてしばらくは、そのままにしておくのもよいだろう。しかし、1シーズンを越えて、山積みになった落ち葉を放置していると、カビが発生したり、最悪の場合、苔が枯れたりする。枯れ葉で厚く覆われると、光合成が妨げられるからだ。

　高木や低木、草花は、ある意味ではごみ生産者だ。オークを例に説明しよう。落葉樹だが、春まで落ちない葉がある。晩春に茶色のねばねばした枯れた花（花穂）を落として、苔に茶色の毛布をかぶせる。秋は、実をつけられるまで

に成長した木はとくに、すさまじい勢いで、どんぐりの爆弾を落とす。何千個も落ちれば、苔を覆ってしまうので、すみやかに取り除いたほうがよいだろう。どんぐりが落ちた衝撃で苔の根がむき出しになっているのに驚くことがよくあるが、どんぐりを取り除くまで気づかないものだ。木の実が落ちると、リスが立食パーティーを始める。その結果、苔の道に穴があくこと

維管束植物に関する面倒な仕事

　わたしが住んでいるところの気候は穏やかで、花やシダの魅力は苔ほど長く持続しない。秋になると、豆鞘を引きちぎり、見苦しく枯れた枝をはらい、シダや草花の乾燥した葉を取り除くのに大忙しだ。みっともない茶色の残骸となった植物を見るのは我慢ならないので、枯れたり休眠している維管束植物を嫌な気持ちで取り除く。維管束植物に対して毒舌を吐くのは、苔のすばらしさの賞賛につながる。この、季節の大掃除が終わると、心おきなく苔庭を見せびらかすことができる。冬の間、とぎれることのない緑はまさしく神の恵みだ。

どの季節にも、ごみ拾いはしなくてはならないと思っておこう

上　苔から落ち葉を取り除くのにリーフブロワー（電動ものが望ましい）を使ってみよう。乾燥しているときではなく、濡れているときに吹き飛ばすのがコツだ

下　日本の庭師に倣って、ごみ集め用にわたしが作ったほうき

もよくある。ねばねばした枯れた花を落とすのはシャクナゲも同じで、維管束植物によって手入れの手間が増える例といえる。モス・ガーデナーにとって、ごみのパトロールは重要な仕事だ。

動物のへの対処法

　苔に引かれてやってくる生物は多種に及び、書ききれないほどだ。苔庭で生活する生物と知り合いになれば、忘れられない思い出ができて、心が満たされるだろう。わたしの苔庭を眺めてみると、ウサギやシマリス、やや大型のリスが好奇心から、または食料を求めて、ちょこちょこと庭を走り回っている。ある午後、リスがファッションショーを始めたときは、本当に楽しかった。　灰色のリスが柳で作った椅子から*Thuidium*属（和名：シノブゴケ属）の苔を引き抜いて、ケープみたいに背中にまとったのだ！

　野生生物に来てほしいと思うかもしれないが、鳥や小動物は苔を荒らすものだし、そのダメージは修復しなければならないことを知っておいてほしい。表面的な被害がほとんどだが、範囲が広くなれば修復に時間をとられる。春には鳥が巣作りのために苔の断片を集めにやってくる。わたしの庭の場合、餌を探しにくる鳥が問題になる。わが家にはコマドリとつがいのハトがいるのだが、食欲旺盛で大家族を養っているようだ。ネットをかければ、鳥による害が減るうえに、地面を荒らす動物をよけるのにも役立つ。リスやアライグマ、スカンクは、種子や地虫、昆虫を探すために土を掘るのだ。大型の群落を保護するには、ワイヤー製のネットがいいと報告しているモス・ガーデナーもいる。

　動物被害へのもうひとつの解決策として、夜行性動物を脅して追い払う方法がある。センサーに反応して点灯するライトや音波発振器を設置しよう。不意に明るくなったり、不快な音が聞こえたりすると、招かざる客はびっくりして逃げていくだろう。ほかにもトウガラシを煮出した汁を振りまいたり、あちこち嗅ぎ回る気が

なくなるようにナフタリンの玉を埋めておく手もある。殺虫剤で地虫を駆除しておけば、これを好物としているアライグマやアルマジロは来なくなる。シカは入って来ても、苔を食べる心配はないが、ひづめで苔をめちゃくちゃにしてしまうのが問題だ。一方、ハタネズミやモグラは、苔に害は及ぼさないと考えられている。

夜になると、いやなナメクジが大群で押し寄せてくるが、苔を管理する者がナメクジ狩りで時間を浪費する必要はない。ナメクジは花や葉を食べるので、苔をがつがつ食べて破壊的なダメージを与えることはない。少なくともわが家では。（ジャニス・グライムは自身の電子書籍『*Bryophyte Ecology*（苔の生態学）』で、ほかの地域ではナメクジが苔を食べることがあると述べている。）ナメクジが苔の上を這い回った後には、ねばねばして光る跡が残るが、苔の葉をだめにしてしまうものではない。とはいえ、わたしはナメクジが這った跡を残したくないので、ねばねばを拭き取っている。

苔を荒らすいちばんの元凶はペットだろう。イヌやネコは、野生の鳥や動物による被害を全部合わせたのより大きなダメージを与えているかもしれない。友人が飼っているいたずら盛りのネコは*Leucobryum*属（和名：シラガゴケ属）の群落を掻き取って、空中に投げ上げるのが大好きらしい。おとなしいイヌなら、苔の上で歩いたり座ったり、寝そべったりするだけでとくに心配はないが、はしゃぐのが好きなイヌだとそうはいかない。障害物をものともせず、ネットがあろうがなかろうが、庭をフルスピードで駆け抜けるようなイヌは苔を荒らして台無しにしてしまうと断言できる。

しかも、動物やペットは訪問した証拠を残していくことがある。ありがたくない贈り物を置いて立ち去るのだ。排泄物を見たら、片づけずにはいられない。驚いたことに、苔はイヌの糞からそれほど悪影響を受けない。しかし、長いこと放置すると苔は窒息してしまう。だから、ウサギの小さな糞もイヌの糞も片づけよう。排泄物を取り除いた後は、水を流しておくとよい。

残念な話だが、雄イヌの尿は苔には有害で、頻繁に尿をかけられた部分は明らかに黄色くなって、茶色の斑点が生じた。

苔の手入れは重労働なので、自然を愛でながら休憩をいれよう。なんだかんだ言っても、厄介な動物がいつも悪質ないたずらをするわけではないし、苔庭に目をやれば植物や動物と自然環境との関わりが見えてくる。庭でバードウォッチングする楽しみもある。だから、コマドリやハトが泥棒を働いて、少しばかりの苔をむしって巣作りのために持ち帰るのを見逃している。ミツバチが羽を休めに来て、冷たく湿った苔の上で涼んでいくこともある。そんなときは、花から花へ飛び回ったりせずに、ごく短い時間だが、苔のベッドでじっと休んでいる。やがて巣に帰って、集めた水を仲間と分け合うのだろう。羽に複雑な模様のあるあでやかなチョウやガも、水を飲みにわが家の苔庭にやってくる。秋には、オオカバマダラが越冬のためにメキシコへ渡る途中で休憩に立ち寄るのを心待ちにしている。

庭をにぎわす野生生物は、地上にも苔の下にもいる。益虫もいるし、クモもたくさんいる。ありがたいことに、わたしのクモ恐怖症は苔のおかげで克服されつつある。実際、おしりの白い小さな黒いクモが仲良しの赤と黒のヨコバイを従えて、わたしの周りを跳ねているのを見ると楽しくなる。黄色と黒の縞模様の大きなムカデがのそのそ這っていると、つい目を向けてしまう。ミミズは苔の下の土中にいる。のたくるミミズは多くの鳥を魅了するごちそうだ。無脊椎動物も微生物も、みんな苔の生態系を構成する仲間なのだ。

苔庭の湿った環境には、両生類や爬虫類も引き寄せられる。苔の生えた丸太の端からカエルが池に飛び込むポチャンという音に驚かされることもしばしばだ。想像に違わず、ヘビがひっそり這っていることもある。見かけたら、有毒で危険なヘビか、そうでないかを見極めよう。住んでいる地域にいるヘビの種類を知っておくと安心だ。アメリカでは、毒ヘビは頭が三角形で、瞳は円形ではなく楕円形だ。ただし、ヘビ

を見つけたからといって殺さないこと。自然界では、ヘビは生態系のバランスをとるのに重要な役割を担っている。

　ヘビほど恐怖を感じさせないサンショウウオやイモリも苔の住民だ。周囲の植物に溶け込んでいるものもいれば、まぶしいほどの派手なオレンジ色、赤色、黄色で目を引くものもいる。ある種のサンショウウオは動きが速いが、ゆっくり動くものもいる。今年の夏、サンショウウオと踊ったときは愉快だった。苔の上で踊っているわたしに気づいたサンショウウオは、その場に凍りつき、動かなくなってしまったのだ。しかし、逃げ出そうとはしなかった。それでも、わたしがあまりに近づきすぎると、すぐさま死んだふりをやめ、抗議するように海綿質の手をあげるのだった。結局、わたしが踊っているうちは、彫像のようにじっとしていた。メキシコのフォークダンス音楽のBGMならまた動き始めるかも、と思って口ずさんでみたが、サンショウウオ氏はダンスのパートナーには乗り気ではなかったようだ。それでも、彼とふざけ合った午後の思い出は宝物だ。苔庭を美しく手入れするときは、心を開いてほかの動物とのつながりを感じ取り、苔庭の住人たちの多様性を体験してほしいと思っている。

群落の修復

　苔の群落がひっくり返っていたり、位置がずれていたり、押しつぶされたりしていて、めちゃくちゃな状態になっているのを目にする日もあることを覚悟しなければならない。苔の位置がずれるのは、悪天候のせいでそうなる場合もあるが、たいていは野生生物やペットのしわざだ。原因はどうあれ、大切な苔が散らかっているのを見るのは胸の痛むことだ。気持ちを切り

上　わが家の庭をナメクジが訪問した証拠。ねばねばした跡が残っているが、苔には害はない
中　シカの糞。野生生物がありがたくない贈り物を置いていくことがある
下　イヌの糞は苔にとって害にならないが、雄イヌの尿はストレスになり、枯れてしまうことがある

ミミズが苔を這うのもよく見られる光景。ミミズは鳥にとっては大ごちそうで、これを求めて苔が荒らされることがある

替えて、苔の世話係を引き受けよう。まず、苔についたゴミや断片を取り除く。上に何かが重なっていたら、それも取り除く。上下をひっくり返してよく見よう。動物が爪を引っかけて、よれよれになった苔は伸ばして元の場所に戻そう。

　地表がむき出しになった場所にはとくに注意を向けよう。修復するときはまず、荒らされていない苔の端をほぐして、少し伸ばす。群落がよく育っている場合は、穴を埋めるように端を伸ばすだけで十分だ。そうでない場合は、拾い集めた群落や断片を穴に詰めて修復する。群落をふんわりさせて、むき出しになった穴に詰め、必要なら断片も追加する。そのあと水やりをして、修復した箇所を歩いて押さえよう。合わせ目や端は念入りに。大雨の後で地面がびしょびしょになっているときに、修復した苔の上を何度も歩くと、集落が押さえられて断片が地面によく落ち着く。

ネットをかけて保護する

　正直な話、わたしはネットを利用するのに抵抗があった。庭の美観を損ねてしまうと思ったからだ。何度も苔を吹き飛ばされ、そのたびに修復をしてきて、ようやくネットを試してみようという気になった。オークの花穂（くそオー

クと呼ぶほど、イライラさせられる……）にうんざりした経験も、ネットの利用に踏み出すきっかけだった。ある年の晩春、わたしはケニルワースの苔庭でツアーの案内役をするという恩恵に浴した。その前日、*Dicranum*属（和名：シッポゴケ属）や*Hypnum*属（和名：ハイゴケ属）が一面のすばらしい緑で出迎えてくれると期待して庭に入ったわたしが見たものは、地面を覆い尽くす茶色だった。そのときの気持ちは、がっかりとかショックとか言う言葉では言い表せない。苔は相当強いストレスを受けているか、枯れているのではないかと思った。だがすぐにオークからのごみだとわかり、差し迫った刻限までにあの大量の花穂を片づけなくてはならないと考えただけで、縮みあがってしまった。このとき、飛び上がりそうになるくらい嬉しい光景を見た。スタッフが庭の隅へ向かい、広大な範囲にかけてあったネットを造作もなく持ち上げたのだ。この作業で、枯れた花穂はほとんどすべて回収された。数分で場面は一転し、危機は去った。すごい！

　何を重視するか──庭の美観、手入れのしやすさ、環境──によって、ネットの使用はプラスにもマイナスにも働く。ネットを利用することに決めたとしても、苔をきちんとした状態に保つには、やはりリーフブロワーで落ち葉を飛ばす作業も必要だ。ネットの下にごみを入れないように、ネットから離れるほうへ吹き飛ばそう。

　わたし自身は、ネットを落ち葉の片づけや鳥や動物の被害防止に、一時的にしか使っていない。シカ除けの黒いネットは、遠くからはほとんど見えない。よく使うのは、目のサイズが2.5センチのナイロン製ネットだ。幅2.1メートルで1巻の長さが30メートルのものがホームセンターで手に入る。地面に転がせば、1人でもなんとかネットかけができるが、誰かに手伝ってもらうと作業はずっと楽になる。平らな場所では、ネットをたるませずに、苔との隙間ができないようにする。起伏のあるところや、植物や置物があるところでは、その形に合わせてネットを切って使えばいいだろう。

イヌがはしゃいだり、夜行性の動物が訪れたりした後に、群落がもとの位置から外れているのを見て、がっかりすることがあるだろう。こんな状態では、修復作業が必要なのは明らかだ

数カ月から1年ほど放置すると、目障りだったチュールが見えなくなる。苔がチュールもしっかりと組み込んで、その上で生育するからだ。

苔の生育の面では、群落の形成と維持のためにネットを使用する意味はほとんどない。匍匐性の苔は自然に絡まり合って群落を形成するし、直立性の苔の群落は互いにもつれ合って群落を形成する。もっとも、苔で土壌を保護したり、土砂の流出を防止したいときにはネットで補強するのも有用な手と言えるだろう。動物除けのネットよりも目の細かいネットを使って直立性の苔を覆い、しばらく放置すると、元気な苔がネットに絡まって生育する。苔がネットに絡まると、両者を引き離すのはほぼ不可能だ。わたし自身は、季節的なトラブルの回避や一時的な手入れのためにネットを使うだけなので、1カ所に数週間を越えて使い続けることはない。一方で、土砂流出を防ぐためにネットの強度を求めるモス・ガーデナーはいるし、苔の断片から群落を育てるときにもネットが必要だというガーデナーもいる。

ネットには利点もあるが、自然なモス・ガーデニングの手法とはいえない。苔のように環境に優しい植物と、何十年いや何百年も分解しない人工物との組み合わせは、なんとなく調和しないと感じるのだ。せっかく、モス・ガーデニングをするのだから、長期にわたってネットに頼るのではなく、一時的な対策として使うことに価値があると考えてほしい。感触の点でも、ネットがかけてあると、苔の上をはだしで歩いたときの快感が損なわれてしまう。ちくちくするネットに足を取られないように用心しながら歩くなんて、贅沢な気分が台無しだ。

U字釘やテント用ペグを使うと、ネットをうまく固定できる。ただし、鉄製の釘はさびるのが早く、ネットを持ち上げようとすると、うまく抜けなくて困ることがある。わたしは握りこぶし大の石をネットの隅に置いて端を固定している。ネットの具合を調整したいときに、石は動かすのが簡単だ。注意してネットを外せば、再利用できる。もっと言っておくと、ネットはとても絡まりやすい。丸めて保管しておいたネットをもう一度使おうとすると、恐ろしく面倒なことになるだろう。ネットは定期的に新しいものと取り換えるほうがよい。

小さなごみを効率よく片づけたいなら、目の細かいネットが役に立つ。1センチ四方の穴をどんぐりがすり抜けることはまずない。あるモス・ガーデナーが勧めてくれたのがチュールだ。チュールはバレリーナのチュチュやスクエアダンスのスカートに使われる布地で、服地店で入手できる。チュールのネットは非常に目が細かく、色も豊富だ。もっとも個人的にはチュールよりも動物除けネットのほうが好ましい。水やりや降雨の後に、水滴が溜まってきらきら光ると、チュールは変に目立ってしまう。しかし、

次ページ左　生育する群落と絡めて長期にわたってネットを利用する方法もあれば、動物や鳥による被害防止のために一時的に使用する方法もある。わたしは落ち葉を集めるために、秋の間だけネットを使用している

下　苔の上にナイロン製ネットをたるまないようにかけているところ。ずれないように、U字釘やテント用ペグで端を留めるか、隅に石を置く

210

雑草との戦いに勝つ

　苔庭の手入れで時間のかかる仕事の筆頭は雑草の除去だ。苔のすばらしさを保つために支払う代価といってもよい。わたしはいつも、雑草はタイミングよく処理しなければならないと口を酸っぱくしている。放っておくと雑草はどんどん広がり、取り除くのに余計に手がかかってしまう。初めから、侵入者を寄せつけないように、見つけたらすみやかに取り除くのが最善の方法だ。雑草との戦いは1度では終わらないだろう。攻撃的で侵略的な相手に勝利してこそ、真のモス・ガーデナーのタイトルを手に入れられる。

　雑草がすでに芝生や花壇に入り込んで広がっているなら、苔庭でもそれらを処理することになると考えよう。意図的に苔を庭に導入したときよりも、苔が自然に入り込んで育つのを待ったときのほうが雑草は少ないようだ。養分が乏しく、日光の射さない、じめじめした場所では雑草は育ちにくい。一方で、断固として雑草と戦っていても、戦果がはかばかしくないガーデナーもいる。苔の生育を促す手段のいくつかは、雑草も元気に育ててしまうからだ。日なたに苔を植えれば、日陰に植える場合よりも雑草は多いだろう。水やりも雑草を育ててしまう。

防草シートと雑草

　雑草除去の手間を減らすために、苔を植えるときは防草シートの利用を考えてもよい。とくに、以前芝生を植えていた場所に苔を植えるときは、土の上にシートをかけると、高い効果が得られる。苔は防草シートに付着するし、前年に落ちた雑草の種子がシートを突き抜けて生えてくることはない。しかし、多くの雑草は種子を風で飛ばし、それが生育中の苔に紛れ込む。そうなると、防草シートで雑草の成長を防いでいても、苔庭で雑草を見る羽目になる。

　シートの素材によって、除草は簡単にもなれば、面倒にもなる。わが家の場合は、ジオテキスタイルが最適だった。頑固な雑草がジオテキスタイルを突き抜けて生えてくることはほとんどないし、この上で苔が育っているときは、どんな雑草でもいとも簡単に引き抜ける。さらに、ジオテキスタイルは再生繊維でできており、雑草を引き抜くときに破れないし、伸びて変形しないという長所がある。逆に言えば、そのほかのシートには不満があったということだ。たとえば、フェルトを使ったとき、手芸用の薄いものでも工業用の厚いものでも、雑草はやすやすと突き抜けて伸びてくる。大きくなった雑草を引き抜くと、フェルトはボロボロになって、元に戻らない。

　苔の上からネットをかけていると除草作業がしにくくなる。だから、わたしはネットを外しやすいようにしているし、長期間放置しないようにしている。ネットの目をくぐって伸びてきた雑草を根ごと取り除くのは本当に厄介だ。苔は永続的にネットに絡まるので、除草作業は気が狂いそうなほど面倒になる。同様に、土砂の流出を防止するココヤシ繊維のマットや樹脂製ネットを突き抜けた雑草を引き抜くには、さまざまな問題がある。ネットをかけた場所に生える雑草は、大きくなる前の早い段階で除去することが不可欠だ。

監視すべき雑草

　ある人にとっては雑草でも、別の人にとっては花だ、などと言われているが、わたしにとっては、苔庭に生える雑草は雑草でしかない。もっと言ってしまえば、花や木であっても、意図して植えたものでなければ、芝生と呼ばれる草も含めて、すべて除去の対象だ。あなたが除去対象のリストに入れている雑草には、どんなものがあるだろう？　迷わず名前を挙げられるものが、きっといくつかあるはずだ。わたしの場合は、毎年しつこく苔庭に押し入ってくる、タンポポとアシボソだろう。地域によって雑草の種類は異なるが、住んでいる地域の一般的な雑草と、侵略的植物について理解しておくことは大事なことだ。

　一般的に、雑草は成長が速く、ときに2〜3

日で種子ができるものもある。1本の植物が大量の種子を産出する場合もある。たとえば、メヒシバは1本で150,000の種子ができる。横に成長する植物は苔の下で根をくねくねと広げるので、いっそう腹立たしい。シロツメクサなどは、地下茎の節から新芽が飛び出すことがあるので、要注意だ。

ごくふつうの雑草以外にも、ガーデナーは外来の侵略的植物と戦わなくてはならないときがある。アジアやヨーロッパを原産とする多くの植物が何年間もアメリカの庭に植えられてきたが、現在では大きな問題になっている。少なくとも、苔庭には侵略的植物を入れないようにしよう。一方で、在来種は公式には侵略的植物とされていない。しかし、在来植物のなかには、苔庭に侵入したとき、明らかに攻撃的な性格になるものがある。わたしの庭ではホウセンカが雑草のように育っている。鞘がはじけると全方向に種子が飛び散り、ホウセンカの別名である「タッチ・ミー・ノット（手を触れないで）」を思い起こさずにはいられない。毎年、春になるとわが家の苔庭でホウセンカが芽を出す。完全に大きくなってしまわないうちに、この集団攻撃から苔を守るのがわたしのミッションだ。根の張りは浅いが、大きく育ったホウセンカの根は固く丸まったボールのような形状で、引き抜くと10センチを超える大きな穴があくことがある。ちなみに、アザレアのアルコーブの近くで育っているホウセンカはそのままにしている。ホウセンカの場所を限定すれば、見る楽しみもあるからだ。はじけた鞘に驚いて飛び去るハチドリを見たり、疲れた心を癒してもらったりもしている。

苔を手入れしていく過程で、芝生を植えていたときには気づかなかった小さな雑草のこともわかるようになるだろう。*Sagina procumbens*（和名：アライトツメクサ）のように、雑草ではないふりをしている植物を見つけられるようになろう。*S. procumbens*（和名：アライトツメクサ）は苔によく似ていて、葉のつき方は*Polytrichum*属（和名：スギゴケ属）を思わせる。鞘も萌に

似ているが、白い花が苔ではないことの決定的証拠だ。浅く水平に伸びる根は、この多年草がしぶとく頑固であることを示している。すばやく広がるのを避けるために、見つけたらすぐ取り除く必要がある。わたしの雑草リストには不快な雑草のナンバーワンとして載っている。

オークや松、楓の実から育った苗が期待を裏切ることを忘れて、これらを目こぼししないこと。若くてかわいらしいうちは苔庭の小さな景観を引き立てるが、苗木はあっという間に大きくなって、しっかり根を張ってしまう。そっとしておきたい気持ちに抵抗しよう。

煩わしい雑草を見分けられるようになることは、モス・ガーデニングを成功させるための必須条件だ。わたしが挙げた例は、ほんの初歩的なものだ。雑草についての知識を蓄えるときは、インターネットの関連サイトを覗いてみたり、図書館や市民向けの公開講座に通うことをお勧めする。

除草について、最後に一言。苔の中に迷い込んできた別の苔を取り除かなくてはならないときがある。紛れ込んだ苔は趣を添える。匍匐性の苔が作るカーペット、あるいは直立性の苔が作る小山に思いがけず苔の木が生えたら、結構

チュールのネットやシカ除けネットをかければ、動物に荒らされる被害は減るが、除草のときには邪魔になって面倒が増える。チュールの小さな穴から伸びている雑草を抜くと、生地を傷めてしまう

213

な眺めだ。拡散した胞子がうまく育ったか、無性生殖が成功した結果だ。しかし、攻撃的な性格を持った苔もある。デザインや質感を大切にしたいと思うなら、攻撃的な苔は取り除かなくてはならない

除草の方法

苔庭に入り込む可能性のある攻撃的な雑草や好ましくない植物は、嫌になるほどたくさんあるので、何をおいても除草に気持ちが向かうだろう。手で草をむしるのは、環境にいちばん優しい方法だ。目に見えるところからさらに地中の深くまで細かい根が広がっていることがあり、このため雑草は絶えることがない。しっかり集中して除草する時間を取りたいものだ。雑草が種子をつけるようになったら、除草作業中に種子が地面に落ちないように、鞘の近くに手を添えて飛び散る種子を受けよう。苔庭の除草を続けるうちに、スキルが向上して、手際よくできるようになる。嬉しいことに、わたしは今、両手利きなので、どちらの手でも草むしりができる。右手で左手でも雑草と戦えるのだ。

除草作業では、苔へのダメージを最小限に抑えるよう、特別なテクニックが要求される。雑草を手荒に抜くと、苔の魅力を損ねてしまいかねない。手に感覚を集中させて、雑草を根絶やしにする勘所を押さえよう。わたしがモットーとしているのは「まずは手で、道具は最後に」だ。どうにも頑固な雑草を取り除くために細かい作業をしなければならないときは、先のとがったガーデンツールや小型のナイフ、ピンセットが重宝だ。雑草の除去は、地面が濡れているときに行うのがよく、土が乾燥してかちかちになっているときはうまく草が抜けない。

楽な姿勢で作業するのもポイントだ。苔を植えるときと同じように、座ったり膝をついたりして、自分に合った姿勢を見つけよう。どんなふうにでも体を動かせるように、ゆったりした服を着るといい。そうすれば、あちこちへ体を伸ばすことができる。草むしりはいい運動になる。わたしは1カ所に落ち着くと、手の届く範囲の草を完全に取り除く。座って作業をした後は、使っていない筋肉をすべて使って、バレリーナのようにつま先旋回する。わたしは座って作業することが多いが、ときには横になったり、腹這いになって広い範囲の草をむしってから、立ち上がって別の場所に移る。地面に顔を近づけると、小さな雑草の根元を探し出してうまく取り除くことができる。

草むしりは両手でするのベストだ。片手で苔を押さえ、もう片方の手で雑草を引き抜く。もっと細かく言うと、片方の手で、雑草が顔を出している周囲の苔を指で広げる。雑草の根元が見えるところまで広げてから、利き手でそっとらせんを描くように引き抜く。

苔の群落から雑草を除去する方法は、雑草の根が水平に広がっているか、下に伸びているか、あるいはその両方かによって異なる。一般的には、直立する雑草のほうが匍匐性の雑草よりも引き抜きやすい。直立性の雑草を抜くときは、1本を握って左右に揺らしながら引っ張ればよい。直立性の雑草が丈夫な根を下に伸ばしているときは(タンポポがその例)、困難ではあっても、根を全部引き抜かなければならない。途中で根が折れてしまったら、土に残っている部分をガーデンツールかナイフで掘り出そう。深く掘るときは、穴が広がらないよう注意して。大きく口を開けた穴が残っていてはみっともない。

根が水平に伸び、匍匐茎を持つ植物は、さまざまな方向に広がって増える。匍匐茎は地面に接すると根を下ろすので、こうした雑草には細心の注意を払わなければならない。親植物を見つけ、両手でそれを引き抜きつつ、広がっている根をたどる。このとき、手袋をしていると、匍匐茎を触覚で識別しづらくなる。伸びていった方向を探って、地面にくっついてできた節を捉えるために、匍匐性の苔の下を探し回る必要があるだろう。根を引き抜いたら、苔を押さえているほうの手はそのままにして、苔の下に入り込んでいる根を1方向からゆっくり、そっと引き抜く。匍匐茎をたどって横から抜く方法は、上から引き抜くよりも正確だし、ダメージも少

苔庭の美しさをいつまでも

手入れとトラブル対策

上　苔庭をパトロールするとき
は、小さな雑草にも注意しよう。
写真中央の *Sagina procumbens*
（和名：アライトツメクサ）は
苔にそっくりだ

下　種の異なる苔が共存してい
るのはよく見られる光景だ。だ
が、攻撃的な種が侵入していな
いか注意すること。群落を維持
するためには、攻撃的な種を取
り除かなくてはならない場合も
ある。そうでなければ、苔の共
存は楽しいものだ

細心の注意を払いながら、水平に伸びる根を確実に取り除こう。わたしは手袋をしていたせいで、伸びている根がわからなかったことがある。ときには、下に伸びた根を取り除くために、ナイフやガーデンツールが必要になる

ない。除草作業で穴を作ってしまったら、抜けた苔を元に戻すか、穴の周囲の苔を寄せておこう。そうすれば、雑草が生えていたところは見えなくなる。

　苔へのダメージを最小限に抑えようと努力しているのに、抜いた雑草の根に苔の断片がくっついていくことがある。ここで、苔を押さえている手にもう一仕事してもらう。雑草を抜いたら、根にくっついている苔の断片をそっとしごいて払い落とす習慣をつけよう。わずかでも苔を捨てたくないのなら、種類別に分けて容器に保管する。貯まった苔の断片は、むき出しになっている地面にまいて有効利用しよう。

　ツタウルシは見つけ次第、取り除いて根絶すること。ツタウルシは3枚の小葉があるので、容易にそれとわかる。冬の間は、根が赤っぽくなったり細い根が出ていたりするので、抜くときに根が残っていないか要注意だ。毒の成分はウルシオールで、植物が休眠しているか、あるいは枯れていても、かぶれを起こすことがある。ツタウルシにアレルギーであってもなくても、

手袋をしてから触るようにしよう。気づかないうちに体質が変わって、かつては平気だった物質に対してアレルギーを起こすようになることもあるからだ。救出した群落にツタウルシが紛れ込んでいることがよくあるので、注意を怠らないように。

　手で草をむしると、苔とごく親しい関係を築く機会に恵まれる。草むしりという面倒な仕事を、蘚苔類をさまざまな面から楽しむ時間にしてはどうだろう。ある日、数時間かけてきちんと除草作業をしたあと、びっくりする出来事があった。腹立たしい*Sagina procumbens*（和名：アライトツメクサ）をつまみ取っていると、ツノに似た突起のある濃い緑色の葉が群生している一画を見つけた。それがツノゴケ類の一種、*Anthoceros carolinianus*（和名未定）とわかったときには大喜びだった。世界中で、蘚類は10,000種、苔類は8,000種が存在しているのに対し、ツノゴケ類は世界で100種ほどしか確認されていない。そのツノゴケがわたしの庭で生育していることに有頂天になった。苔の世界へ

苔庭の美しさをいつまでも

手入れとトラブル対策

216

すぐ入れるよう、ルーペを携帯しよう。そうすれば、目を丸くするような発見があるかもしれない。草むしりで一息ついて、リラックスし、自分の世界を愛おしむ時間を持ちたい。

除草剤の使用

モス・ガーデナーにとって、雑草ごときに後れを取るほど名折れなことはない。しかし、知らないうちに雑草が手に負えなくなることがある。手で雑草を除去するという重労働に替わる方法として、化学系除草剤やオーガニックの除草剤を使って満足な結果を得ていると報告する造園家やモス・ガーデナーもいる。除草剤を使えば、広い範囲で雑草を枯らすことができるうえに、ありがたいことに苔は枯れないのだ。維管束系が完全には発達していないので、苔が除草剤で枯れることはない。

家庭菜園用の製品は種類が多く、いろいろな情報を盛り込んだラベルを貼られて市販されている。化学系除草剤には選択性（特定の植物を枯らす）のものと非選択性（すべての植物を枯らす）のものがある。すでに雑草が生えているなら、成長期に使用する除草剤が必要になる。成長期に使用する除草剤の多くは、広葉植物（双子葉植物を指す言葉であり、葉の大きさについていうものではない）に有効だ。早い段階で雑草を防除したいなら、発芽期に使用するタイプがよい。このタイプの除草剤を使用するときは、発芽の時期の日中あるいは夜間の気温、そして成長段階を考慮しなければならない。

化学系除草剤を選ぶ前に、雑草について知っておかなくてはならない。メヒシバのようにたちの悪い雑草については、集中的に処理する必要がある。接触毒性のある除草剤は、一部に接触すると植物全体に効果が及ぶので、1年草に適している。移行性除草剤は植物地上部から地下根と匍匐茎に移行して効果を発揮するので、多年草の除去に適している。グリホサートを成分とする除草剤は、除草剤1容量に対して水10容量を加えて混ぜてから使えば、苔を枯らすことはない。ジクワット（ジクワットジブロミド）、

フルアジホップPブチル、ジカンバが有効成分となっている製品は希釈する必要はない。

化学系除草剤を安心して使うために、広い範囲に散布する前に小さな区画に使って、様子をみるとよい。雑草がしおれたら、もう一作業がある。枯れた葉を片づけよう。たまに、ある種の苔が黒ずんだ黄色の葉になったり、茎が黒くなったりして、ストレスの兆候を一時的に示すことがある。綿毛があるために、こうしたストレスが見えにくい場合もある。雑草は数時間から数日で枯れるが、苔が警告のサインを出すのは1週間以上が過ぎてからだ。苔にストレスサインが出ているのであれば、除草剤の継続使用を控えるべきなのは言うまでもない。

環境への影響について言えば、化学物質はほかの植物や動物に有害かもしれないし、地下水質にも影響を与える。農薬の過剰使用に反対する人たちは、使用者本人の健康被害についても警告を発している。化学系除草剤を使用するときは、肺を保護するためにフィルター付きマスクを着用し、風の強い日には散布しないなどの対策を忘れずに。庭仕事に使う化学物質による環境への影響と健康被害については、自分自身の信じるところに従ってほしい。かつては習慣的に行われていた方法が現在では危険だと判断されたり、昔はよく見かけた化学物質が市場から消えたりするのは、気持ちのいいものではない。2,4-Dとして知られる2,4-ジクロロフェノキシ酢酸を含む除草剤がいまだに入手できることに恐ろしさを感じる。2,4-Dは枯葉剤の一種、オレンジ剤の活性成分なのだ。

化学物質を避けたいのなら、オーガニック製品を試してみよう。わたしは何度かチャレンジしてみたが、園芸用木酢液（20パーセント液）は使えないことがわかって残念だった。たとえば、Atrichum属（和名：タチゴケ属）は化学系除草剤に接触しても大丈夫だった。雑草は枯れて、苔にはストレスの兆候はなかった。ところが、濃い木酢液を使ったときは、2カ月足らずで、苔も雑草も全滅した。苔が新芽を吹き返すまでに6カ月もかかった。

手で苔の頭をなでて、ふっくらさせると、苔が元気を取り戻す。カビが生えているときは、空気がよく通るように軽くほぐして、群落を少し乾燥させよう。たいていは、これで群落が元気を回復する

苔の中に生える雑草を枯らすために除草剤を使うときは、使用上の注意をはじめ、ラベルに記載してある事項を必ず読んで、それを守ること。風の強い日は避ける、24時間以内に雨が降らないという予報が出ている日に使用する、水道を止める、除草剤散布が終わるまで水を使用しない、といったことが書いてあるはずだ。発芽期用の粒剤を使っているなら、除草剤中の水分が働いて、粒が1〜3日で溶けるだろう。高い効果が期待できるのは雑草が若いうちだ。雑草をきちんと処理するなら、シーズンを通して複数回の散布が必要になる。

元気回復のために

除草作業中に苔をふっくらさせたり、整えたりすることもあるだろう。スキンシップが親しさの表現であるというように、わたしは苔に触れるのが好きだ。柔らかい苔を軽くなでるのはとても楽しい。優しく指をすき入れて、ゆるくなった植物体を移動させ、枯れた部分を取り除き、群落をリフレッシュさせるときに、このちょっとした贅沢が味わえる。テーブルにこぼれたパンくずを拾うように、群落のてっぺんから断片を集めよう。*Leucobryum*属（和名：シラガゴケ属）の群落なら、小さなほうきで掃けば、葉先が集まる。

見苦しい植物体があるときは、鋏で切って取り除き、よい外観を維持しよう。成熟した群落は、髪をカットするように整えるとよい。てっぺんの部分をトリミングすると、群落がリフレッシュして新芽がよく出るようになる。低木を刈り込んだときのように。*Polytrichum*属（和名：スギゴケ属）や*Climacium*属（和名：コウヤノマンネングサ属）などの苔にはしなやかで強い茎がある。1〜2.5センチほど刈り込もう。

このようなテクニックでも、繁殖用の断片を集めることができる。枯れたように見える苔の断片から新芽が出ることもある。だから、早まって処分してはいけない。新しい場所にそうした断片を植えるか、タネとしてまいておこう。

上　髪をカットするように鋏で苔を刈り込んで、群落をリフレッシュさせよう。2カ月もすれば、群落は緑の新芽で覆われるだろう
下　*Polytrichum commune*（和名：ウマスギゴケ）の茶色になった部分は古い株だ。鋏で切って取り除こう。緑の新芽が先端から出ているところに注目

モス・ガーデニング
成功への道

　ついに、本書も終わりにたどりついた。でも、あなたの苔との旅はまだ始まったばかり。その旅が、これからも続いていくことを願っている。本書には、モス・ガーデニングをどのように始めたらよいか、初めに理解しておくべきポイントを豊富に盛り込んだ。あなたが苔との一歩を踏み出したのなら、心からその成功を祈っている。安らぎの苔庭があなたの心を開放し、自然との一体感をもたらしますように。庭一面に広がる緑を見て、あなたが勝利したモス・ガーデナーの高揚感にひたれますように。あなたも広々とした苔のカーペットをはだしで歩く快感

が味わえますように。そして、四季を通じて、地球に優しい苔からのメリットを享受し、環境の守り手としての誇りが持てますように。

　うまくいったことも失敗したことも含めて、あなたの経験を苔仲間たちと共有するようおすすめする。そうすれば、価値ある知識体系が構築できるからだ。SNSやブログが意見交換の場になる。わたしのウェブサイトmountainmoss.com にもぜひ来てほしいし、フェイスブックのグループGo Green With Mossにも参加してほしい。世界中の苔仲間とつながるために。

　最後に、あなたには輝く苔庭をつくる能力がある。その力を大いに楽しんでほしい。そして、その力で大切な家族や友人を幸せにしてほしい。これからも、苔と共に。

本書も終わり……。でも、あなたの苔との旅はまだ始まったばかり。わたしはきっと、これからも変わることなく、トラックに乗って、苔の仕事を続けているだろう

わたしの苔庭がこの先も
楽しい場所でありますように！
さあ、あなたも苔庭を持とう

度量衡換算表

インチ	センチ	ミリ
1/32		1
1/16	0.2	1.6
1/8	0.3	3.2
1/4	0.6	6.4
3/8	0.9	9.5
1/2	1.3	12.7
5/8	1.6	
3/4	1.9	
7/8	2.2	
1	2.5	
2	5.1	
3	7.6	
4	10	

フィート	メートル
1	0.3
2	0.6
3	0.9
4	1.2
5	1.5
10	3

1エーカー ┈┈┈┈┈┈┈┈┈┈┈┈┈ 0.405 hectare　0.405ヘクタール
1ガロン（U.S.）┈┈┈┈┈┈┈┈┈ 0.833 British gallon　0.833英ガロン
1トン（2000ポンド）┈┈┈┈ U.S.0.907 metric ton　0.907メトリックトン

温度

$^{\circ}C = 5/9 \times (^{\circ}F - 32)$　　摂氏温度 $= 5/9 \times$（華氏温度 $- 32$）

$^{\circ}F = (9/5 \times ^{\circ}C) + 32$　　華氏温度 $= (9/5 \times$ 摂氏温度）$+ 32$

出典・参考文献

　苔、そして苔が環境やあなたの庭に対してどれほど役立つかについて、もっと学びたいのなら、ぜひ、ここに挙げるウェブサイトを覗いたり、本を読んだりしてほしい。科学的な知識を増やしたいなら、ジャニス・グライムの電子書籍『Bryophyte Ecology（苔の生態学）』がいちばんのおすすめだ。造園のために苔を購入するなら、Mountain Moss Enterpriseが提供するような、品質の良いものを選ぼう。品質の良い苔はわたしのmountainmoss.comからも購入できる。苔庭のデザイン、造園、苔に関する講義など、苔に関する相談を希望する場合は直接mossinannie@gmail.comまで連絡してほしい。

〈ウェブサイト〉

- Annette Launer's German-language site, Bryophyta, bryophyta.pflanzenliebe.de／moose_impressum.html
- Ann Franck Gordon's site, Moss Whispers, mosswhispers.com／
- Australian National Herbarium, Australian Bryophytes, anbg.gov.au／bryophyte／index. html
- Brian Engh's video, Moss：A Tribute, youtube. com／watch？v＝MWRazeUhg44
- Bryophyte Flora of North America, mobot.org／plantscience／bfna／bfnamenu.htm
- Duke University Herbarium, biology.duke.edu／herbarium／databasing.html
- Eagle Hill Institute, eaglehill.us／
- Janice Glime's Bryophyte Ecology site, bryecol.mtu.edu
- Highlands Biological Station, highlandsbiological.org／
- Oregon State University, Living with Mosses page, bryophytes.science.oregonstate.edu／mosses.htm
- Southern Illinois University, Carbondale, Bryophytes page, bryophytes.plant.siu.edu／index.html
- United States Department of Agriculture, Natural Resources Conservation Service, PLANTS Database, plants.usda.gov／
- University of California, Berkeley, California Moss eFlora, ucjeps.berkeley.edu／CA_moss_eflora／
- University of Wisconsin, Stevens Point, Robert W. Freckmann Herbarium, wisplants. uwsp. edu／

〈書籍〉

· Breen, Ruth S. 1963. *Mosses of Florida*. Gainesville, FL ：University of Florida Press.
· Crum, Howard, and Lewis Anderson. 1981. *Mosses of Eastern North America*. 2 vols. New York ：Columbia University Press.
· Davison, Paul. 2008. *A Trailside Guide to Mosses and Liverworts of the Cherokee National Forest*. San Francisco ：Blurb Books.
· Dillenius, Johann Jakob. 1768. *Historia Muscorum ：A General History of Land and Water*. Reprint, Charleston, SC ：Nabu Press, 2011.
· Flora of North America Editorial Committee, eds. 2007. *Bryophyta ：Mosses*, Part 1. Vol. 27 of *Flora of North America North of Mexico*. New York and Oxford ：Flora of North America Association.
· Glime, Janice M. 1963. *The Elfin World of Mosses and Liverworts of Michigan's Upper Peninsula and Isle Royal*. Houghton, MI ：Isle Royale Natural History Association.
· ——. 2006–2015 (ongoing)．*Bryophyte Ecology*. 5 vols. Ebook sponsored by Michigan Technological University and the International Association of Bryologists. bryoecol. mtu. edu／.
· Goffinet, Bernard, and A. Jonathan Shaw. 2008. *Bryophyte Biology*. 2nd ed. New York ：Cambridge University Press, 2000.
· Grout, A. J. 1940. *Moss Flora of North America*. 3 vols. Reprint, New York ：Hafner Publishing, 1972.
· Kimmerer, Robin Wall. 2003. *Gathering Moss ：A Natural and Cultural History of Mosses*. Corvallis, OR ：Oregon State University Press.
· Malcolm, Bill, and Nancy Malcolm. 2000.
· *Mosses and Other Bryophytes ：An Illustrated Glossary*. 2nd ed. Nelson, New Zealand ：Micro-Optics Press.
· Malcolm, Bill, Nancy Malcolm, Jim Shevock, and Dan Norris. 2009. *California Mosses*. Nelson, New Zealand ：Micro-Optics Press.
· McKnight, Karl B., Joseph R. Rohrer, Kirsten McKnight Ward, and Warren J. Perdrizet. 2013. *Common Mosses of the Northeast and Appalachians*. Princeton, NJ ：Princeton University Press.
· Munch, Susan. 2006. *Outstanding Mosses and Liverworts of Pennsylvania and Nearby States*. Mechanicsburg, PA ：Sunbury Press.
· Richards, Paul. 1950. *A Book of Mosses*. Middlesex, England ：King Penguin.
· Schenk, George. 1997. *Moss Gardening, Including Lichens, Liverworts, and Other Miniatures*. Portland, OR ：Timber Press.
· Vitt, Dale H., Janet E. Marsh, and Robin B. Bovey. 1988. *Mosses, Lichens, and Ferns of Northwest North America*. Reprint ed. Vancouver, British Columbia ：Lone Pine Publishing.
· Weber, William, and Ronald Wittmann. 2007. *Bryophytes of Colorado ：Mosses, Liverworts, and Hornworts*. Santa Fe, NM ：Pilgrims Process.

フォトクレジット（写真提供者）

Courtesy of Graham Bell, Butchart Gardens, page 46

Joseph Cooper, page 50

Michael DeMeo, moss and terrarium enthusiast, page 161

出口博則, 広島大学デジタル自然史博物館 pages 33, 34, 36（左）, 38, 39, 40

Tony Giammarino, pages 53, 137, 144（下）, 173-175

Janice M. Glime, pages 6, 35, 36, 85

Paul Jones, photo courtesy of Sarah P. Duke Gardens, page 47

Taylor S. L. Ladd, pages 13, 92, 93, 122, 193

Annette Launer, pages 6, 25, 84, 94, 129（左）

Sarah Milhollin, pages 42, 43

J. Paul Moore, page 165

Mardy Luther Murphy, page 188（左）, 240

William J. Murphy, pages 1, 6-7, 8, 30, 70, 73（下）, 75, 79, 80（下）, 82（下）, 86, 87, 100, 103-116, 118-128, 129（右）, 130（上）, 131-134, 162, 190

Mary Beth O'Connor, Associate Professor of Communication, Purdue University Calumet, page 158（上）

Geert Raeymaekers, Brussels（BE）, page 49

Mark Schueler, page 159

Blanka Shaw, page 28

Dale Sievert, pages 4-5, 36（右）, 73（上）, 80（上）, 81, 146-149

James Wood, page 45

© Li Zhang, page 170（下）

そのほかの写真は著者、アニー・マーティンが撮影した

謝辞

　苔との旅をしてきて、わたしの心は若々しい喜びで満たされてきた。森の探索や苔庭をつくる日々、そして草むしりをする時間さえも、家族や友人、仕事仲間と共有した宝物のような思い出になっている。これまで、障害物があったにもかかわらず、わたしの夢の実現を支え、苔との旅を1冊の本にするよう励まし、応援してくれた多くの人々に感謝している。苔のビジネスが成長する過程では浮き沈みもあったが、その間もそばにいてくれた古くからの、そして新しくできた苔友だちには、いつも世話になっている。本書の執筆は記念碑的事業であるとともに、最高に難しい仕事でもあった。ひとりぼっちで仕事をするのではなく、本当の意味で、近隣の人たちからの協力も得られた。皆さん、ありがとう！

　そしてあなたにも感謝したい。本書を活用してもらえれば、ただの物体ではなくなるのだ。

　いつも親身な兄のデール・マーティン、最良の友のリーラ・フォン・スタインは、苔の仕事に伴う困難と、そこから得られる報酬を誰よりもよく知っている。多くの時間を一緒に過ごせたのは光栄だ。どんなことであれ、いつもわたしを手伝い、助けが必要なときには駆けつけてくれたことに感謝する。息子のフリント・マーティン・バローとカーソン・マーティン・エスコーにも大いに貢献してもらった。カーソンは苔ナーセリーの仕事を手伝い、苔を助けるときはアシスタントを務め、苔庭をデザインするときはなかなかよいアドバイスをしてくれるのだ。2人が力を貸してくれたので、車庫までの道がアスファルトからみごとな苔庭に変貌した。わたのウェブサイトがうまくいっているのは、フリントのコンピュータスキルに負うところが大きい。兄貴分のジェームズ・ニーリーは心の支えで、彼が手助けを惜しんだことは一度もなかった。「ありがとう」と言うだけでは不十分だ。母のレイチェル・ベーカー・マーティン、妹のケイ・マーティン・ジョーンズの影響で、幼い頃から自分を信じてやってこられた。父はわたしに細かいことにも注意を払う気持ちを植え付け、つまらない妥協をしないことを教え、自分の夢を追う強さを与えてくれた。

　ビル・レイトンにも御礼を述べたい。彼には、今に至るまで何年間も変わらず、わたしのビジネス・アドバイザーをしていただいている。専門的なアドバイス、高い編集スキル、継続した友情で、わたしの苔のキャリアを頂点まで引き上げてくれた。同様に、ジャニス・グライム博士は、蘚苔類学者としてのすばらしい知識を惜しみなく分け与えてくれる。博士と直接の面識はないが、新たに友人となった彼女から、本書の執筆中に貴重な助言を得られた。スーザン・サンフラワー（マスター・ガーデナーでもある友人）とビー・ガードナー・マティス（幼なじみ）の2人には、多くの時間を割いて、わたしの本をレビューし、もっとよくなるように提案してもらった。

　わたしが苔ナーセリーの仕事を成長させ、継続できたのは、土地を貸してくれた友人のおかげだ。ペンローズ在住のベッツィー・スミス、シーダー・マウンテン在住のクレアとエリックのステフェンソン夫妻は、苔の栽培を軌道に乗せる過程で、なければならない存在だった。3人の温かい心遣いを忘れることはないだろう。そして、ここ数年はわたしの

苔の仕事の運営にたくさんの人から助力を得ている。特別に世話になっているのが、サラ・ボグズ、ジェイソン・ヒューズ、ディーン・ヒューズ、ジェイムズ・ウッド、ペリー・キング、スーザン・ジョンソン、ティナ・ワトキンス、エイミー・ジョー・リディック、ジョー・ブルノーだ。新たに苔ナーセリーを作ったときには、ブルースとベリンダのロバート夫妻に支援していただいたことに感謝している。きつい仕事から生まれた友情は、この先も続くだろう。マウンテン・モスを訪れるお客様全員に心からの御礼を申し上げる。特に、ベン・カーターの助言がなければ、わたしの苔の才能を見せる機会はなかっただろう。ワークショップやSNSを通じて知り合った人たちからの支援と励ましは本当にありがたかった。

近隣そして遠方の苔愛好家と知り合えたのは大きな喜びとなっている。知り合えた一人一人に感謝するとともに、彼らが苔に割いた時間や積み上げてきた経験に敬意を表する。ロバート・バレンタイン、ノリー・バーネット、ジョン・クラム、アン・ゴードン、デール・シーバート、ジョージとキャロルのビッカリー夫妻の各氏には、苔の楽しみを分かち合い、モス・ガーデニングについての考え方を教えていただいた。

本書に多数のすばらしい写真を提供してくれた方々の貢献を思うとき、世界はひとつだと感じる。こうした才能のある人たちが快く彼らの作品の使用許可を与えてくれたことに感銘を受けた。会ったことがないにもかかわらず、わたしを支援してくれたことに重ねて御礼を申し上げたい。日本、ニューヨーク、アメリカ西海岸で撮影された写真が本書に載っているのは彼らのおかげだ。ビルとマーディのマーフィー夫妻には、わたしのポートレートや本書の主役である苔の写真を撮ってもらった。2人には何をおいても御礼を言わなければならないが、ほかにも世話になった人がたくさんいる。グラハム・ベル、デス・カラハン、ジョゼフ・クーパー、マイケル・デメオ、出口博則、トニー・ジャンマリノ、ジャニス・グライム、ロビン・ハグランド、テイラー・ラッド、アネット・ローナー、シー・リン、リ・ジャン、J・ポール・ムーア、ギアート・レイメーカー、マーク・シューラー、ブランカ・ショー、デール・シーバート、ジェームズ・ウッドの各氏の御恩は忘れない。

ティンバー・プレス（Timber Press）の編集者の方々にも力添えをいただいた。彼らのプロとしての視点がなければ、本書は完成をみなかっただろう。苔に対するわたしの情熱を多くの人と共有する手段が本書なのだ。ジュリー・ソンドカー、サラ・ミルホリン、イブ・グッドマン、アンドルー・ベックマンの各氏に心から御礼申し上げる。とりわけ、わたしたちの心と自然との結びつきを理解し、環境保護の点で息の合うロレイン・アンダーソンには感謝している。彼女は非凡な編集アシスタントで、プロの目線で本書の出版に尽力してくれた。

本書を読んでいるあなたは、わたしたちの世界の一員だ。わたしも一住民で、あなたにも支えてもらっている。わたしの苔の旅に力を貸してくれる皆さんに、改めて御礼申し上げる。

索引

学名索引

Climacium americanum（和名未定）	58, 101, 112–113, 178, 180
Climacium dendroides（和名未定）	112
Conocephalum conicum（和名：ジャゴケ）	45

D

Dawsonia（和名：ネジクチスギゴケ属）	87
Dicranoweisia cirrata（和名未定）	23
Dicranum scoparium（和名：カモジゴケ）	11, 21, 44, 58, 82, 97, 114, 154, 191
Diphasiastrum digitatum,（和名未定）	99
Diphyscium（和名：イクビゴケ属）	84

E

Entodon seductrix（和名未定）	88, 115
Entodon（和名：ツヤゴケ属）	10, 16, 26, 77, 88, 141, 142, 150, 189

F

Fissidens dubius（和名：トサカホウオウゴケ）	1, 116
Fissidens（和名：ホウオウゴケ属）	27, 116
Floribundaria（和名：シノブイトゴケ属）	19
Funaria hygrometrica（和名：ヒョウタンゴケ）	76, 117
Funaria（和名：ヒョウタンゴケ属）	5, 76

G

Galax urceolata (galax)（和名未定、英名：ゲイラックス）	153
Goodyera pubescens （和名未定、英名：ダウニー・ラトルスネーク・プランテイン）	153, 154
Grimmia（和名：ギボウシゴケ属）	15

H

Hedwigia ciliata（和名：ヒジキゴケ）	23, 73, 79, 118–119
Hedwigia（和名：ヒジキゴケ属）	26, 86, 118–119, 141, 153, 196
Homalia（和名：ヤマトヒラゴケ属）	75
Huperzia lucidula（英名：シャイニング・クラブ・モス）	99
Huperzia（和名：トウゲシバ属）	98
Hylocomium splendens（和名：イワダレゴケ）	111

R

S

T

学名索引